PRENTICE HALL MATEMÁTICAS

CURSO 1

Cuaderno de práctica

PEARSON

Prentice Hall

Boston, Massachusetts
Upper Saddle River, New Jersey

ISBN: 0-13-201437-8

1 2 3 4 5 6 7 8 9 10   10 09 08 07 06

Cuaderno de práctica

Contenido

To the Teacher: Answers in English appear in the All-In-One Teaching Resources.

Contenido (continuación)

Práctica 1-1

Escribe cada número en palabras.

1. 1,760

_____

_____

2. 75,398,012

_____

_____

Escribe cada número en forma normal.

3. tres mil cuarenta

_____

4. once mil millones

_____

5. ciento diez

_____

6. 400,000 + 20,000 + 8,000 + 400 + 6

_____

7. 921 millones, 750 mil, 33

_____

8. ochenta y dos mil sesenta

_____

Usa < ó > para que cada enunciado sea verdadero.

9. 12,680 ☐ 12,519 ☐ 12,299

10. 25,345 ☐ 25,391 ☐ 25,307

11. 7,657 ☐ 7,650 ☐ 7,655

12. 101,321 ☐ 141,321 ☐ 182,321

Escribe el valor del dígito 6 en cada número.

13. 46,051

_____

14. 62,071,357

_____

15. 42,916

_____

16. 1,063,251

_____

17. 816,548

_____

18. 70,642,050

_____

Escribe en orden de menor a mayor.

19. 12; 152; 12,512; 12,722

_____

20. 10; 10,113; 113; 10,130

_____

21. 149; 49; 49,149; 14

_____

22. 1,422; 142; 14,222; 247

_____

Práctica 1-2

Estima redondeando primero a la décima, centécima o milésima más cercana.

1. $13 + 29$

2. $348 - 22$

3. $472 - 117$

_____

_____

_____

4. $2{,}983 + 523$

5. $795 - 323$

6. $743 - 29 + 17$

_____

_____

_____

7. $2 + 23 + 48 + 33$

8. $577 - 124 - 39 + 103$

9. $8{,}873 - 5{,}322 + 976$

_____

_____

_____

Estima usando números compatibles.

10. 24×8

11. $593 \div 6$

12. $1{,}084 \times 7$

_____

_____

_____

13. $5{,}974 \div 3$

14. $283 \div 105$

15. $4{,}832 \div 3$

_____

_____

_____

Resuelve.

16. El *Jahre Viking* es uno de los barcos más grandes del mundo, con una longitud de alrededor de 458 metros. Los campos de fútbol tienen una longitud aproximada de 91 metros. ¿Alrededor de cuántos campos de fútbol cabrían a lo largo del *Jahre Viking*?

_____

17. Hay 407 estudiantes de séptimo grado en la Escuela Intermedia Washington. Si hay 18 salones de clase para el séptimo grado, ¿alrededor de cuántos estudiantes hay por clase?

_____

18. La familia de Alicia decide visitar a su abuela, quien vive a 163 millas de distancia. Si viajan en auto a una velocidad promedio de 55 millas por hora, ¿aproximadamente en cuánto tiempo llegarán a casa de su abuela?

_____

Práctica 1-3

Escribe el nombre de cada propiedad de suma o multiplicación que se usa.

1. $(6 + 3) + 21 = 6 + (3 + 21)$

_____

_____

2. $13 \times 1 = 13$

_____

_____

3. $8 + 20 + 12 = 8 + 12 + 20$

_____

_____

4. $5 \times 2 \times 11 = 2 \times 11 \times 5$

_____

_____

Aplica el cálculo mental para hallar cada suma o producto.

5. $53 + 12 + 7$

6. $2 \times 53 \times 5$

7. $8 + 0 + 6$

8. $(19 + 22) + 8$

9. $5 \times (13 \times 20)$

10. $40 \times 31 \times 25$

11. $25 + (13 + 5)$

12. $7 \times 25 \times (1 \times 8)$

13. $7 + 14 + (23 + 6)$

14. $4 \times (25 \times 17)$

15. $43 + 4 + (13 + 3)$

16. $5 \times 1 \times 13 \times 20$

Resuelve.

17. La Sra. Gauthier tiene planes de realizar 2 viajes de campo con su clase. Hay 23 estudiantes en su clase, y cada viaje de campo costará $5 por estudiante. Usa el cálculo mental para conocer el costo total de ambos viajes.

_____

18. El jardín de Roshonda produce 25 zanahorias, 127 moras y 5 calabazas. ¿Cuál es el total de frutas y verduras que produce el jardín de Roshonda? Usa el cálculo mental para hallar la solución.

_____

19. Michael lava el auto de la familia Gómez una vez al mes. Le pagan $25 cada 3 meses por su trabajo. A esta tasa, ¿cuánto dinero ganará Michael al cabo de un año?

_____

Práctica 1-4

¿Qué operación realizarías primero en cada expresión?

1. $4 + 6 \times 9$

_____

2. $(7 - 5) \times 3$

_____

3. $14 \div 2 \times 3$

_____

4. $18 - 5 + 3$

_____

5. $5 \times 2 + 6$

_____

6. $(9 + 14) - 8 \div 2$

_____

Halla el valor de cada expresión.

7. $8 - 3 \times 1 + 5$

_____

8. $(43 - 16) \times 5$

_____

9. $14 \times 6 \div 3$

_____

10. $100 \div (63 - 43)$

_____

11. $9 \times (3 \times 5)$

_____

12. $7 \times (8 + 6)$

_____

13. $15 - (5 + 7)$

_____

14. $(12 - 9) \times (6 + 1)$

_____

15. $(9 - 3) \times 2$

_____

16. $8 - 3 \times 2 + 7$

_____

17. $(9 - 4) \times 6$

_____

18. $(35 - 5) \times 3$

_____

Usa <, = ó > para completar cada enunciado.

19. $5 - 3 \times 1$ ☐ $(5 - 3) \times 1$

20. $(4 + 8) \times 3$ ☐ $4 + 8 \times 3$

21. $3 \times (8 - 2)$ ☐ $3 \times 8 - 2$

22. $(7 + 2) \times 4$ ☐ $7 + 2 \times 4$

23. $4 + (20 \div 4)$ ☐ $(4 + 20) \div 4$

24. $42 - (35 + 4)$ ☐ $42 - 35 + 4$

25. $(9 - 2) \times 3$ ☐ $9 - 2 \times 3$

26. $55 + 10 - 7$ ☐ $55 + (10 - 7)$

Escribe los paréntesis para que cada enunciado sea verdadero.

27. $6 + 7 \times 4 - 2 = 26$

_____

28. $14 - 5 \div 3 = 3$

_____

29. $27 \div 4 + 5 - 1 = 2$

_____

30. $6 \times 7 + 2 - 1 = 53$

_____

Escribe una expresión matemática y resuélvela.

31. Los cortes de cabello para niños cuestan $7. Los cortes de cabello para caballeros cuestan $10. Si hoy fueron al barbero 20 niños y 20 caballeros, ¿cuánto dinero ganó el barbero?

_____

Práctica 1-5

Escribe cada decimal en palabras.

1. 213.23

2. 7,430.25

3. 81.8887

4. 12.873

5. 8.0552

6. 0.00065

Escribe cada decimal en forma normal y en forma desarrollada.

7. tres décimas

8. ocho décimas

9. dos centésimas

10. cuarenta centésimas

¿Cuál es el valor del dígito 7 en cada número?

11. 0.7

12. 4.00712

13. 2.179

14. 1.8887

15. 15.002237

16. 27.002

Redondea cada decimal a la posición subrayada.

17. 28,467.0<u>8</u>9

18. 348.9<u>2</u>971

19. 72.<u>1</u>4

20. 22.98<u>5</u>53

21. 19.82<u>5</u>49

22. 1.999<u>2</u>8

Nombre _____ Clase _____ Fecha _____

Práctica 1-6

Usa <, = ó > para completar cada enunciado.

1. 0.62 ☐ 0.618 **2.** 9.8 ☐ 9.80 **3.** 1.006 ☐ 1.02 **4.** 41.3 ☐ 41.03

5. 2.01 ☐ 2.011 **6.** 1.400 ☐ 1.40 **7.** 5.079 ☐ 5.08 **8.** 12.96 ☐ 12.967

Ordena cada conjunto de decimales en una recta numérica.

9. 0.2, 0.6, 0.5

10. 0.26, 0.3, 0.5, 0.59, 0.7

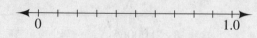

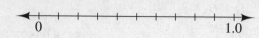

11. En la recta numérica que se muestra a continuación se observan tres puntos. Escribe enunciados que comparen 0.3 a 0.5 y 0.5 a 0.7.

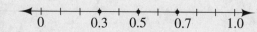

_____

12. Haz una recta numérica. Marca 11 intervalos. En el primer intervalo coloca 0.6 y en el undécimo coloca 0.7. Representa gráficamente 0.67 y 0.675.

a. ¿Cuál es mayor: 0.67 ó 0.675? _____

b. ¿Cómo muestra la recta numérica cuál número es mayor?

_____

13. A continuación se muestran modelos para tres decimales.

a. Escribe el decimal que cada modelo representa.

_____

b. Ordena los decimales de menor a mayor.

_____

  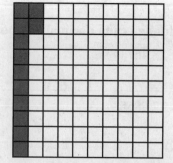

Práctica 1-7

Estima primero. Luego, halla cada suma o diferencia.

1. 0.6 + 5.8

2. 2.1 + 3.4

3. 3.4 − 0.972

4. 3.1 − 2.076

5. 8.13 − 2.716

6. 5.91 + 2.38

7. 3.086 + 6.152

8. 4.7 − 1.9

9. 9.3 − 3.9

10. 5.2 − 1.86

11. 15.98 + 26.37

12. 9.27 + 15.006

13. 5.9 − 2.803

14. 15.7 − 8.923

15. 4.19 − 2.016

16. 14.75 − 6.9264

Usa el cálculo mental para hallar cada suma.

17. 12 + 0.25 + 4.75

18. 18.5 + 0.25 + 0.25

19. 17 + 23 + 10.6

20. 11.3 + 5.7

21. 5 + 6.2 + 4.05

22. 50.6 + 10.4 + 20

23. 2.1 + 0.6 + 0.3

24. 14.3 + 16

25. 4.9 + 0.6 + 4

Usa la tabla de la derecha para los ejercicios 26 a 28.

26. Halla la suma de los decimales que se muestran en la tabla. ¿Qué significa esta suma?

_____

_____

27. ¿Qué parte de los trabajadores que cobran por hora está entre las edades de 25 a 44 años?

_____

28. ¿Qué tres grupos de edades combinados representan un cuarto de los trabajadores que cobran por hora?

_____

_____

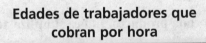

Edades de trabajadores que cobran por hora

Edades de los trabajadores	Parte de los trabajadores
16 a 19	0.08
20 a 24	0.15
25 a 34	0.29
35 a 44	0.24
45 a 54	0.14
55 a 64	0.08
65 o mayor	0.02

Práctica 1-8

• •

Coloca el punto decimal en cada producto.

1. $4.3 \times 2.9 = 1247$

_____

2. $0.279 \times 53 = 14787$

_____

3. $4.09 \times 3.96 = 161964$

_____

4. $5.90 \times 6.3 = 3717$

_____

5. $0.74 \times 83 = 6142$

_____

6. $2.06 \times 15.9 = 32754$

_____

Halla cada producto.

7. 43.59×0.1

_____

8. 246×0.01

_____

9.
$$\begin{array}{r} 5.342 \\ \times\ \ \ 13 \\ \hline \end{array}$$

10.
$$\begin{array}{r} 0.19 \\ \times\ 0.05 \\ \hline \end{array}$$

_____

11.
$$\begin{array}{r} 240 \\ \times\ 0.02 \\ \hline \end{array}$$

_____

12.
$$\begin{array}{r} 43.79 \\ \times\ \ \ 42 \\ \hline \end{array}$$

_____

Escribe un enunciado de multiplicación que podrías usar en cada situación.

13. Un bolígrafo cuesta $.59. ¿Cuánto costaría una docena de bolígrafos?

_____

14. Un caramelo de menta cuesta $.02. ¿Cuánto costaría un paquete de 10 caramelos de menta?

_____

15. Una naranja cuesta $.09. ¿Cuánto costarían 2 docenas de naranjas?

_____

Halla cada producto. Indica si utilizaste el cálculo mental, papel y lápiz o una calculadora.

16. $19(0.35)$

_____

_____

17. 30×0.1

_____

_____

18. 22.62×1.08

_____

_____

Práctica 1-9

Dividir decimales

Dibuja un modelo para hallar cada cociente.

1. $0.4 \div 0.08$ _____

2. $0.8 \div 0.4$ _____

3. $0.9 \div 0.15$ _____

Halla cada cociente.

4. $1.8 \div 6$

_____

5. $16\overline{)3.2}$

_____

6. $17\overline{)5.1}$

_____

7. $9\overline{)21.6}$

_____

8. $15\overline{)123}$

_____

9. $108 \div 5$

_____

10. $50\overline{)17.5}$

_____

11. $14\overline{)889}$

_____

12. $5\overline{)316}$

_____

Resuelve.

13. Un paquete de 25 portaminas cuesta $5.75. ¿Cuánto cuesta
cada portaminas?

_____

14. Una vendedora está colocando libros en un estante. Ella tiene
12 copias del mismo libro. Si los libros cubren 27.6 pulg de la
superficie del estante, ¿cuál es el grosor de cada libro?

_____

15. El contenido de sal del mar Caspio es 0.13 kg por cada litro
de agua. ¿Cuántos kg de sal hay en 70 litros?

_____

Halla cada cociente.

16. $0.4 \div 0.02$

_____

17. $3.9 \div 0.05$

_____

18. $0.2\overline{)26}$

_____

19. $0.68 \div 0.2$

_____

20. $0.02\overline{)0.06}$

_____

21. $0.09\overline{)0.108}$

_____

Práctica 2-1

Halla la media de cada conjunto de datos.

1. 4, 5, 7, 5, 6, 3 _____

2. 72, 76, 73, 74, 75 _____

3. 85, 91, 76, 85, 93 _____

4. 2.1, 3.2, 1.6, 2.4 _____

Identifica los valores extremos en los conjuntos de datos. Luego, determina el efecto de los valores extremos en la media.

5. 64, 65, 62, 69, 59, 23, 61, 67 _____

6. 8.1, 8.3, 7.8, 7.9, 8.4, 6.8, 8.0 _____

7. 1230, 1225, 1228, 1232, 1233, 1321, 1229, 1231 _____

8. 18.66, 18.75, 18.69, 18.67, 18.99, 18.64, 18.73 _____

Usa la tabla en los ejercicios 9 a 11.

Nombre	Sueldo por hora
Julia	$8.75
Ron	7.50
Miguel	25.00
Natasha	11.00
Robert	10.50

9. ¿Cuál sueldo es un valor extremo del conjunto de datos?

_____

10. Halla la media del sueldo por hora con y sin el valor extremo.

_____

11. ¿Qué efecto tiene el valor extremo en la media?

_____

Completa los espacios en blanco para hallar la media de los conjuntos de datos.

12. 4, 6, 2, 8, 5: $\dfrac{25}{\boxed{}} = \boxed{}$

13. 10, 4, 2, 12, 6, 8: $\dfrac{\boxed{}}{6} = \boxed{}$

Práctica 2-2

Mediana y moda

Halla la mediana y la moda de los siguientes conjuntos de datos.

1. 6, 10, 12, 5, 7, 12, 9

_____

2. 19.32, 19.44, 19.54, 19.44, 19.33, 19.27, 19.31

_____

3. 24, 24, 28, 32, 40, 42

_____

4. 2, 4, 5, 4, 3, 4, 2, 3, 3

_____

5. 86.4, 87.2, 95.7, 96.4, 88.1, 94.9, 98.5, 94.8

_____

6. 12.2, 12.8, 12.1, 12.2, 12.3 12.5, 12.4

_____

Usa la tabla para los ejercicios 7 a 10.

Precipitación mensual del año anterior	
Mes	**Precipitación (pulg)**
Enero	5
Febrero	4.5
Marzo	6
Abril	15
Mayo	5
Junio	3
Julio	2
Agosto	2
Septiembre	1
Octubre	2
Noviembre	3
Diciembre	4.5

7. ¿Cuál fue la media de la precipitación mensual del año anterior? _____

8. ¿Cuál es la mediana de la precipitación de todos los meses de la lista? _____

9. ¿Cuál es la moda de todos los meses de la lista? _____

10. ¿Qué describe mejor a la precipitación del año anterior: la media, la mediana o la moda? _____

Cada estudiante en una clase ha tenido cinco pruebas. El maestro les permite a los estudiantes escoger la media, la mediana o la moda de cada conjunto de calificaciones como promedio. ¿Cuál promedio deben escoger los estudiantes para obtener el promedio más alto?

11. 100, 87, 81, 23, 19

_____

12. 79, 78, 77, 76, 85

_____

13. 80, 80, 70, 67, 68

_____

14. 75, 78, 77, 70, 70

_____

Práctica 2-3

1. a. Escoge una página de un libro que estés leyendo. Escoge 50 palabras de esa página. Usando esas 50 palabras, completa la tabla de frecuencia.

Letra	Conteo	Frecuencia
t		
s		
r		
n		
d		

b. Haz un diagrama de puntos para tu tabla de frecuencia.

c. ¿Qué letra aparece con más frecuencia en tu muestra? ¿Cuál aparece con menos frecuencia?

Usa el diagrama de puntos de la derecha para los ejercicios 2 a 5.

Tiempo invertido en hacer tareas anoche (min)

2. ¿Qué información se muestra en el diagrama de puntos?

_____

3. ¿Cuántos estudiantes invirtieron tiempo haciendo tareas anoche?

_____

4. ¿Cuántos estudiantes pasaron al menos media hora haciendo tareas?

_____

5. ¿Cuál fue el rango de tiempo invertido en hacer tareas anoche?

_____

6. Una perrera recibe perros que pesan lo siguiente (en libras).

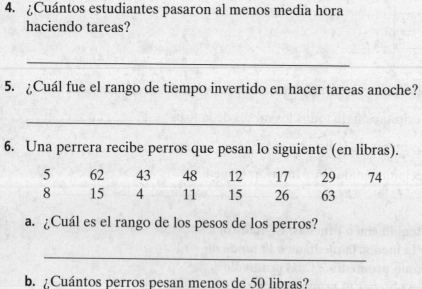

5	62	43	48	12	17	29	74
8	15	4	11	15	26	63	

a. ¿Cuál es el rango de los pesos de los perros?

_____

b. ¿Cuántos perros pesan menos de 50 libras?

_____

Práctica 2-4

Usa la tabla de abajo para los ejercicios 1 a 3.

Figuras deportivas favoritas de todos los tiempos	
Figura deportiva	**Número de votos**
Babe Ruth	29
Babe Didrikson Zaharias	22
Jackie Robinson	18
Billie Jean Moffitt King	17
Muhammad Ali	14
Jim Thorpe	13

1. ¿Qué nombre le darías al eje horizontal de una gráfica de barras con esos datos?

   _____

2. ¿Qué intervalo usarías para el eje vertical de la gráfica de barras?

   _____

3. Construye una gráfica de barras que muestre el número de votos por las figuras deportivas favoritas de todos los tiempos.

Usa la tabla de abajo para los ejercicios 4 a 6.

Uso diario de petróleo en Estados Unidos (millones de barriles)									
Año	1950	1955	1960	1965	1970	1975	1980	1985	1990
Número	6.5	8.5	9.8	11.5	14.7	16.3	17.1	15.7	16.9

4. Haz una gráfica lineal con la cantidad de petróleo que se usa a diario en Estados Unidos.

5. ¿Cuál es el rango de estos datos?

   _____

6. ¿Qué muestra la gráfica lineal?

   _____

   _____

Práctica 2-5

Gervase trabaja después de la escuela y los fines de semana en una
tienda para mascotas, donde le pagan $5 por hora. Él usa la siguiente
hoja de cálculo para anotar el tiempo que trabaja y el dinero que gana.

	A	B	C	D	E
1	Día	Hora de entrada (p.m.)	Hora de salida (p.m.)	Horas trabajadas	Cantidad ganada
2	Lunes	4	7		
3	Martes	4	7		
4	Jueves	4	8		
5	Sábado	1	9		
6			Total		

Escribe el valor de la celda dada.

1. A2

2. B2

_____

3. B3

4. C3

_____

5. C4

6. A4

_____

Escribe una fórmula para hallar el valor de cada celda. Luego, calcula el valor.

7. D5

8. E5

_____

9. D6

10. E6

_____

11. Rosario trabajó por $14.50 la hora los días de semana y por $15.25 la hora
los fines de semana. El lunes trabajó 3 horas, el martes trabajó 5 horas y el
sábado y el domingo trabajó 8 horas cada día.

   a. Haz una hoja de cálculo similar a la de arriba. Usa la columna B para el
   salario por hora, la columna C para las horas trabajadas y la columna D
   para la cantidad ganada.

   b. ¿Cuánto dinero ganó Rosario cada día y al final de una semana?

   _____

   _____

Práctica 2-6

Diagrama de tallo y hojas

Usa el diagrama de tallo y hojas para los ejercicios 1 a 6.

1. ¿Cuál es la edad del abuelo más joven? _____

2. ¿Cuántos abuelos tienen 79 años? _____

3. ¿Cuántos abuelos tienen más de 74 años? _____

4. ¿Cuál es el rango de los datos? _____

5. ¿Cuál es la mediana? _____

6. ¿Cuál es la moda? _____

Edades de los abuelos

tallo	hoja
6	7 8 8
7	0 1 2 3 4 9 9
8	1 3 3 3 4 7
9	0 2 5

Clave: 6 | 7 significa 67.

Haz un diagrama de tallo y hojas para cada conjunto de datos.

7. calificaciones en una prueba de historia

   84, 93, 72, 87, 86, 97, 68, 74, 86, 91, 64, 83, 79, 80, 72, 83, 76, 90, 77

tallo	hoja

   Clave: 6 | 4 significa 64.

8. número de insignias ganadas por los exploradores

   7, 12, 9, 2, 17, 24, 0, 3, 10, 20, 12, 3, 6, 4, 9, 15

tallo	hoja

   Clave: 1 | 0 significa 10.

9. minutos de recorrido a la casa de un amigo

   12, 31, 5, 10, 23, 17, 21, 12, 8, 33, 3, 11, 10, 25, 9, 16

tallo	hoja

   Clave: 3 | 1 significa 31.

Práctica 2-7

Gráficas y estadísticas engañosas

Usa la información de abajo para los ejercicios 1 y 2.

En la ciudad Auto hay solamente dos concesionarios que venden carros usados. Se muestran las ventas mensuales de enero, febrero y marzo de un concesionario.

Ventas mensuales de carros	
enero	15
febrero	14
marzo	13

1. Un competidor creó la gráfica que se muestra abajo.

Ventas mensuales de carros

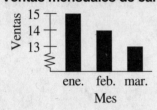

a. ¿Qué impresión da la gráfica?

_____

b. ¿Por qué la gráfica es incorrecta?

_____

_____

_____

2. Imagina que en abril se venden 15 carros y que en mayo se venden 10 carros. ¿Qué usaría un vendedor para que las ventas parezcan mayores: la media, la mediana o la moda?

_____

Usa la gráfica lineal para los ejercicios 3 y 4.

3. ¿Por qué es confusa la gráfica?

_____

_____

_____

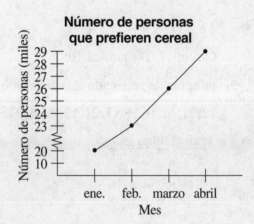

4. ¿Qué impresión intenta representar la gráfica?

_____

_____

Práctica 3-1

Dibuja los dos diseños que siguen en cada patrón.

1.

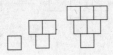

2.

Escribe los tres términos que siguen en cada patrón.

3. 3, 5, 7, 9, _____

4. 34, 31, 28, 25, _____

5. 2, 6, 18, 54, _____

6. 7, 8, 10, 13, _____

Busca los tres téminos que siguen y escribe una regla para describir cada patrón.

7. 4, 7, 10, 13, __?__, __?__, __?__

8. 2, 4, 8, 16, __?__, __?__, __?__

_____

_____

_____

_____

_____

_____

9. 19, 29, 39, 49, __?__, __?__, __?__

10. 8, 11, 14, 17, __?__, __?__, __?__

_____

_____

_____

_____

_____

_____

11. 135, 125, 115, 105, __?__, __?__, __?__

12. 5, 10, 20, 40, __?__, __?__, __?__

_____

_____

_____

_____

_____

_____

13. Escribe los cinco primeros términos en un patrón numérico que comience con el número 6. Escribe la regla que describe tu patrón.

_____

_____

Halla el término que falta.

14. 7, 21, 63, __?__, 567   **15.** 33, 27, __?__, 15, 9   **16.** __?__, 20, 80, 320, 1,280

Práctica 3-2

Escribe una expresión variable para cada modelo. Los cuadrados representan unidades.
Los rectángulos sombreados representan variables.

1. _____

2. _____

3. _____

Evalúa cada expresión.

4. $56 \div b$ para $b = 7$

5. $3m$ para $m = 9$

6. $v + 16$ para $v = 9$

7. $2t - 8$ para $t = 21$

8. $2(4e)$ para $e = 5$

9. $12 - 2g$ para $g = 3$

10. $3pq$ para $p = 3$ y $q = 5$

11. $9r + 16$ para $r = 8$

12. $s(58 + t)$ para $s = 2$ y $t = 7$

13. $24 - 4t$ para $t = 4$

14. $3v + 5k$ para $v = 3$ y $k = 6$

15. $5d - (h + 9)$ para $d = 3$ y $h = 5$

Copia y completa cada tabla.

16.

x	$x + 7$
2	9
5	12
8	
11	
	21

17.

x	$5x$
3	
6	
9	
12	
	75

18.

x	$125 - x$
15	
30	
45	
60	
	50

19.

x	$6x + 5$
2	
4	
	41
8	
10	

20. Una compañía de teléfono celular cobra una tarifa mensual de $49.99 por 600 minutos gratis. Cada minuto adicional cuesta $.35. Este mes usaste 750 minutos. ¿Cuánto debes?

Práctica 3-3

Escribe dos frases con palabras para cada expresión variable.

1. $5m$

_____

_____

2. $8 + b$

_____

_____

3. $15q$

_____

_____

4. $c - 10$

_____

_____

5. $18 \div a$

_____

_____

6. $27 - m$

_____

_____

7. Compras 5 bolsas de cacahuates para compartir con tus amigos. Cada bolsa contiene p onzas de cacahuates. ¿Cuántas onzas de cacahuates compraste? Dibuja un modelo para esta situación. Luego, escribe una expresión que describa la relación.

_____

8. Escribe una expresión que describa la relación de los datos de la tabla.

n	
15	19
20	24
25	29

_____

Escribe una expresión variable para cada frase con palabras.

9. nueve menos que t

_____

10. once más que un número

_____

11. 700 dividido por un número

_____

12. dos veces el número de ventanas

_____

13. b dividido por siete

_____

14. 81 aumentado por n

_____

15. doce veces el número de bandejas para panecillos

_____

16. $15 veces el número de horas

_____

17. 8 menos que el producto de K y 3

_____

Práctica 3-4
Usar el sentido numérico para resolver ecuaciones de un paso

Halla los números que faltan para hacer verdadera la ecuación.

1. $7 + \boxed{} = 12$

2. $\boxed{} \times 5 = 30$

3. $13 - \boxed{} = 4$

Indica si cada ecuación es verdadera o falsa.

4. $12 + 10 = 10 + 12$

5. $31 + 4 = 41 + 3$

6. $3.5 \times 1 = 1$

7. $(3 \times 5) \times 4 = 3 \times (5 \times 4)$

8. $(7 \times 2) + 6 = 7 \times (2 + 6)$

9. $0 \times a = a$

Resuelve cada ecuación. Usa el cálculo mental o la estrategia de _Calcular, comprobar_ y _revisar_.

10. $8b = 72$

11. $n + 14 = 45$

12. $h - 3.6 = 8$

13. $w \div 12 = 3$

14. $53 = z - 19$

15. $86 = 29 + y$

16. $153 = 9k$

17. $4 = m \div 24$

18. $c + 14.7 = 29.8$

19. Los ganadores de una competencia de clavados de baloncesto reciben camisetas. El entrenador paga $50.40 por el equipo completo, y cada camiseta cuesta $4.20. Resuelve la ecuación $(4.20)n = 50.40$ para hallar el número de jugadores en el equipo.

Práctica 3-5

Resuelve cada ecuación. Luego verifica la solución. Recuerda, puedes dibujar un diagrama para resolver una ecuación.

1. $38 + b = 42$

2. $n + 14 = 73$

3. $h + 3.6 = 8.6$

4. $12.4 = 9 + t$

5. $m + 7.3 = 9.1$

6. $5.62 + p = 5.99$

Escribe y resuelve una ecuación. Luego, comprueba su solución.

7. La altura de una jirafa macho de un zoológico es de 17.3 pies. La jirafa macho es 3.2 pies más alta que la jirafa hembra. ¿Cuál es la altura de la jirafa hembra?

8. Los tres álbumes con mejores ventas son *Thriller* de Michael Jackson (24 millones de copias), *Rumours* de Fleetwood Mac (17 millones de copias) y *Boston* de Boston (*b* millones de copias). Los tres álbumes vendidos suman en total 56 millones de copias. ¿Cuántos millones de copias de *Boston* se vendieron?

Resuelve cada ecuación. Luego, comprueba la solución.

9. $a + 22 = 120$

10. $10 = e + 2.7$

11. $3.89 + x = 5.2$

Práctica 3-6

Resolver ecuaciones de resta

Resuelve cada ecuación. Luego, comprueba la solución. Recuerda, puedes dibujar un diagrama como ayuda para resolver una ecuación.

1. $x - 10 = 89$

2. $14 = y - 15$

3. $a - 10 = 3.4$

_____

4. $12.3 = b - 7$

5. $n - 2.7 = 8.3$

6. $3.12 = d - 6.88$

_____

Escribe y resuelve una ecuación. Luego, comprueba cada solución.

7. La dueña de una tienda que vende discos compactos usados compró un disco compacto por $4.70. Cuando lo vendió, su ganancia fue $4.75. ¿Cuál fue el precio de venta?

_____

_____

8. Ayer Stephanie gastó $38.72 en unos zapatos nuevos y $23.19 en programas de computación. Al final ella se quedó con $31.18. ¿Cuánto dinero tenía antes de hacer sus compras?

_____

_____

Resuelve cada ecuación. Luego, comprueba la solución.

9. $x - 7 = 77$

10. $3.1 = r - 7.5$

11. $k - 5.13 = 2.9$

_____

Práctica 3-7

Indica si el número dado es una solución a la ecuación.

1. $8c = 80; c = 10$

2. $b \div 7 = 8; b = 56$

3. $9m = 108; m = 12$

4. $y \div 9 = 17; y = 163$

5. $9r = 72; r = 7$

6. $14b = 56; b = 4$

7. $48 = y \div 4; y = 12$

8. $32 = y \div 8; y = 256$

9. $17a = 41; a = 3$

10. $w \div 21 = 17; w = 357$

11. $21c = 189; c = 8$

12. $52 = y \div 6; y = 302$

Resuelve cada ecuación. Luego, verifica la solución.

13. $905 = 5a$

14. $6v = 792$

15. $12 = y \div 12$

16. $b \div 18 = 21$

17. $80 = 16b$

18. $19m = 266$

19. $d \div 1,000 = 10$

20. $g \div 52 = 18$

21. $672 = 21f$

22. $z \div 27 = 63$

23. $43h = 817$

24. $58 = j \div 71$

Escribe y resuelve una ecuación para cada situación. Luego, verifica la solución.

25. Lisa manejó 420 millas y gastó 20 galones de gasolina. ¿Cuántas millas por galón de gasolina recorrió su carro?

26. Luis gastó $15 en carpetas que costaron $3 cada una. ¿Cuántas carpetas compró?

27. Julia quiere comprar copias de un libro para regalarlas. ¿Cuántos libros puede comprar si están en oferta a $12 cada uno y ella tiene $100?

Práctica 3-8

La propiedad distributiva

Escribe una expresión que represente el área total de cada figura.
Luego, usa tu expresión para hallar el área total. Muestra tu trabajo.

1.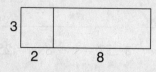

2.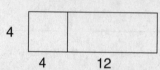

3.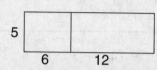

_____   _____   _____

Usa la propiedad distributiva para encontrar los números que faltan en las ecuaciones.

4. $8 \times (9 + 4) = (\boxed{} \times 9) + (8 \times \boxed{})$

5. $(4 \times 7) + (4 \times 5) = 4 \times (\boxed{} + 5)$

6. $9 \times (7 - 1) = (9 \times \boxed{}) - (\boxed{} \times 1)$

7. $(5 \times 7) + (5 \times 6) = \boxed{} \times (7 + 6)$

8. $3 \times (7 + 9) = (\boxed{} \times 7) + (3 \times \boxed{})$

9. $8 \times (9 - 6) = (8 \times \boxed{}) - (\boxed{} \times 6)$

Usa la propiedad distributiva para multiplicar mentalmente.

10. 7×53

11. 8×97

12. 5×402

_____

_____

_____

_____

Usa la propiedad distributiva para simplificar cada expresión.

13. $9 \times (5 + 3) \times 4 - 6$

14. $(8 + 7) \times 3 \times 2$

15. $6 \times (8 - 3) + 9 \times 4$

_____   _____   _____

16. El auditorio de la Escuela de Artes tiene 102 filas de asientos y cada fila tiene 7 asientos. Usa la propiedad distributiva para hallar el número de asientos del auditorio.

_____

17. La pantalla de televisión más grande que existe se mostró en la exposición Tsukuba Internacional cerca de Tokio, en Japón, en 1985. La pantalla se llamaba Sony JUMBOtron y medía 40 metros por 25 metros. Usa la propiedad distributiva para buscar el área de la pantalla.

_____

Práctica 4-1

Divisibilidad y cálculo mental

¿Es el primer número divisible por el segundo? Usa el cálculo mental.

1. 475 por 5 ———   **2.** 5,296 por 3 ———   **3.** 843 por 2 ———

4. 456,790 por 5 ———   **5.** 3,460 por 2 ———   **6.** 4,197 por 3 ———

Comprueba la divisibilidad de cada número por 2, 3, 5, 9 ó 10.

7. 126   **8.** 257   **9.** 430   **10.** 535

11. 745   **12.** 896   **13.** 729   **14.** 945

15. 4,580   **16.** 6,331   **17.** 7,952   **18.** 8,000

19. 19,450   **20.** 21,789   **21.** 43,785   **22.** 28,751

Halla el dígito que hace que cada número sea divisible por 9.

23. 54,78☐   **24.** 42,☐97   **25.** 83,2☐4

Indica los números que son divisibles por los números dados.

26. números entre 10 y 20, divisibles por 2, 3 y 9

27. números entre 590 y 610, divisibles por 2, 3, 5 y 10

28. 159 estudiantes se están agrupando en equipos de relevos. Todos los equipos deben tener el mismo número de estudiantes. ¿Cuántos estudiantes puede tener cada equipo: 3, 5 ó 6?

Nombre _____ Clase _____ Fecha _____

Práctica 4-2
Exponentes

Escribe cada expresión usando un exponente. Indica cuál es la base y cuál es el exponente.

1. $3 \times 3 \times 3 \times 3$

_____

_____

2. $7 \times 7 \times 7 \times 7 \times 7 \times 7$

_____

_____

3. $9 \times 9 \times 9$

_____

_____

Escribe cada número en forma desarrollada usando potencias de 10.

4. 98,364

_____

_____

_____

5. 20,351,401

_____

_____

_____

6. 875,020

_____

_____

_____

Simplifica cada expresión.

7. 9^2

_____

8. 6^4

_____

9. 5^3

_____

10. $156 + (256 \div 8^2)$

_____

11. $32 + 64 + 2^3$

_____

12. $53 + 64 \div 2^3$

_____

13. $(3 \times 4)^2$

_____

14. $60 \div (8 + 7) + 11$

_____

15. $2^2 \times 5^2 + 106$

_____

16. $4 + 7 \times 2^3$

_____

17. $60 + (5 \times 4^3) + 2^2 \times 55$

_____

18. $7^2 + 4$

_____

19. $7^2 - 7 \times 2$

_____

20. $48 \div 4 \times 5 - 2 \times 5$

_____

21. $(4^2 - 4) \times 10$

_____

22. $(4 + 3) \times (2 + 1)$

_____

23. $2^4 \times 2^5$

_____

24. $12 \times (30 + 37)$

_____

25. $(3 + 2) \times (6^2 - 7)$

_____

26. $5 \times (9 + 4) + 362 \div 2$

_____

27. $3^4 + 405 \div 81$

_____

Curso 1 Capítulo 4

Práctica 4-3

Números primos y descomposición en factores primos

1. Haz una lista de todos los números primos de 50 a 75. _____

Indica si cada número es primo o compuesto.

2. 53

3. 86

4. 95

5. 17

_____ _____ _____ _____

6. 24

7. 27

8. 31

9. 51

_____ _____ _____ _____

10. 103

11. 47

12. 93

13. 56

_____ _____ _____ _____

Completa cada árbol de factores.

14.

15.

16.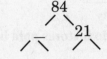

Haz la descomposición en factores primos de cada número.

17. 58

18. 72

_____ _____

19. 40

20. 30

_____ _____

21. 144

22. 310

_____ _____

Halla el número que corresponde a la descomposición en factores primos dada.

23. $2 \times 2 \times 5 \times 7 \times 11$

24. $2 \times 3 \times 5 \times 7 \times 11$

_____ _____

25. $2 \times 2 \times 13 \times 17$

26. $7 \times 11 \times 13 \times 17$

_____ _____

27. Hay 32 estudiantes en una clase. ¿De cuántas maneras se puede dividir la clase en grupos con la misma cantidad de estudiantes? ¿Cómo sería la división?

_____

Práctica 4-4

Máximo común divisor

Indica los factores para buscar el MCD de cada conjunto de números.

1. 8, 12

2. 18, 27

3. 15, 23

4. 17, 34

_____

_____

_____

_____

5. 24, 12

6. 18, 24

7. 5, 25

8. 20, 25

_____

_____

_____

_____

Usa la división escalonada para encontrar el MCD de cada conjunto de números.

9. 10, 15

10. 25, 75

11. 14, 21

12. 18, 57

_____

_____

_____

_____

13. 32, 24, 40

14. 25, 60, 75

15. 12, 35, 15

16. 15, 35, 20

_____

_____

_____

_____

Usa árboles de factores para buscar el MCD de cada conjunto de números.

17. 28, 24

18. 27, 36

19. 15, 305

_____

_____

_____

20. 57, 27

21. 24, 48

22. 56, 35

_____

_____

_____

23. 75, 200

24. 90, 160

25. 72, 108

_____

_____

_____

Resuelve.

26. El MCD de dos números es 850. Ninguno de los números es divisible por el otro. ¿Cuáles son los menores números que estos dos números podrían ser?

_____

27. El MCD de dos números es 479. Un número es par y el otro es impar. Ninguno de los dos es divisible por el otro. ¿Cuáles son los menores números que estos dos números podrían ser?

_____

Práctica 4-5

Escribe las fracciones que representan los modelos y determina si son equivalentes.

1.

   _____

2. _____

3. _____

¿Por qué número puedes multiplicar el numerador y el denominador de la primera fracción para obtener la segunda fracción?

4. $\frac{2}{3}, \frac{4}{6}$

5. $\frac{3}{8}, \frac{15}{40}$

6. $\frac{7}{10}, \frac{42}{60}$

7. $\frac{3}{4}, \frac{9}{12}$

_____   _____   _____   _____

¿Por qué número puedes dividir el numerador y el denominador de la primera fracción para obtener la segunda fracción?

8. $\frac{6}{8}, \frac{3}{4}$

9. $\frac{70}{80}, \frac{7}{8}$

10. $\frac{15}{60}, \frac{1}{4}$

11. $\frac{75}{100}, \frac{3}{4}$

_____   _____   _____   _____

Escribe dos fracciones equivalentes para cada fracción.

12. $\frac{3}{10}$ _____

13. $\frac{7}{8}$ _____

14. $\frac{5}{6}$ _____

15. $\frac{3}{4}$ _____

16. $\frac{15}{20}$ _____

17. $\frac{8}{12}$ _____

18. $\frac{15}{45}$ _____

19. $\frac{8}{32}$ _____

Indica si cada fracción está en su mínima expresión. Si no está, escríbela en su mínima expresión.

20. $\frac{15}{35}$ _____

21. $\frac{22}{55}$ _____

22. $\frac{25}{32}$ _____

23. $\frac{34}{36}$ _____

24. $\frac{19}{57}$ _____

25. $\frac{125}{200}$ _____

26. $\frac{27}{54}$ _____

27. $\frac{30}{41}$ _____

28. $\frac{85}{110}$ _____

29. En una biblioteca hay 10 guías para acampar, 4 guías para pescar y 6 guías de excursionismo. En su mínima expresión, ¿qué fracción de las guías son de acampar o de excursionismo?

    _____

30. En un huerto hay 48 árboles de manzana, 30 árboles de durazno y 42 árboles de pera. En su mínima expresión, ¿qué fracción de los árboles son árboles de durazno?

    _____

Práctica 4-6

Números mixtos y fracciones impropias

•••

¿Qué número mixto representa la cantidad sombreada?

1. _____

2. _____

3. _____

4. _____

Escribe cada número mixto como una fracción impropia.

5. $1\frac{7}{8}$ _____   6. $2\frac{3}{4}$ _____   7. $7\frac{1}{3}$ _____

8. $3\frac{3}{4}$ _____   9. $4\frac{1}{4}$ _____   10. $5\frac{5}{6}$ _____

11. $2\frac{3}{8}$ _____   12. $4\frac{7}{8}$ _____   13. $2\frac{3}{5}$ _____

14. $3\frac{11}{12}$ _____   15. $2\frac{7}{12}$ _____   16. $5\frac{4}{15}$ _____

Escribe cada fracción impropia como un número mixto en su mínima expresión.

17. $\frac{15}{2}$ _____   18. $\frac{8}{3}$ _____   19. $\frac{5}{2}$ _____

20. $\frac{11}{10}$ _____   21. $\frac{7}{6}$ _____   22. $\frac{9}{8}$ _____

23. $\frac{27}{12}$ _____   24. $\frac{26}{18}$ _____   25. $\frac{35}{21}$ _____

26. $\frac{17}{5}$ _____   27. $\frac{17}{6}$ _____   28. $\frac{36}{15}$ _____

29. Halla la fracción impropia con 6 como denominador que es
equivalente a $5\frac{1}{2}$.

_____

30. Halla la fracción impropia con 12 como denominador que es
equivalente a $10\frac{1}{4}$.

_____

Práctica 4-7

Indica los múltiplos para hallar el mcm de cada conjunto de números.

1. 5, 10 _____

2. 2, 3 _____

3. 6, 8 _____

4. 8, 10 _____

5. 5, 6 _____

6. 12, 15 _____

7. 9, 15 _____

8. 6, 15 _____

9. 6, 9 _____

10. 3, 5 _____

11. 4, 5 _____

12. 9, 21 _____

13. 4, 6, 8 _____

14. 6, 8, 12 _____

15. 4, 9, 12 _____

16. 6, 12, 15 _____

17. 8, 12, 15 _____

18. 2, 4, 5 _____

Usa la descomposición en factores primos para buscar el mcm de cada conjunto de números.

19. 18, 21 _____

20. 15, 21 _____

21. 18, 24 _____

22. 15, 30 _____

23. 24, 30 _____

24. 24, 72 _____

25. 8, 42 _____

26. 16, 42 _____

27. 8, 56 _____

28. 8, 30 _____

29. 16, 30 _____

30. 18, 30 _____

31. 12, 24, 16 _____

32. 8, 16, 20 _____

33. 12, 16, 20 _____

34. En una tienda, las salchichas vienen en paquetes de ocho y los panes para perros calientes vienen en paquetes de doce. ¿Cuál es el menor número de paquetes de cada tipo que puedes comprar sin que te queden salchichas ni panes de sobra?

_____

Práctica 4-8

Compara cada par de números usando <, = ó >.

1. $2\frac{14}{17}$ ☐ $1\frac{16}{17}$

2. $\frac{15}{21}$ ☐ $\frac{5}{7}$

3. $2\frac{7}{8}$ ☐ $2\frac{5}{6}$

4. $3\frac{15}{16}$ ☐ $3\frac{21}{32}$

5. $4\frac{7}{8}$ ☐ $3\frac{9}{10}$

6. $5\frac{9}{10}$ ☐ $5\frac{18}{20}$

7. $1\frac{19}{20}$ ☐ $2\frac{1}{20}$

8. $4\frac{5}{6}$ ☐ $5\frac{19}{20}$

9. $7\frac{3}{10}$ ☐ $7\frac{9}{30}$

10. $4\frac{19}{24}$ ☐ $4\frac{7}{12}$

11. $5\frac{19}{20}$ ☐ $6\frac{21}{22}$

12. $4\frac{15}{20}$ ☐ $4\frac{21}{28}$

Ordena cada conjunto de números de menor a mayor.

13. $\frac{9}{10}, \frac{5}{6}, \frac{14}{15}$

14. $1\frac{7}{8}, 1\frac{7}{12}, 1\frac{5}{6}$

15. $\frac{14}{15}, \frac{9}{10}, \frac{11}{12}$

_____

_____

_____

16. $2\frac{1}{4}, 3\frac{7}{8}, 3\frac{5}{6}$

17. $\frac{2}{3}, \frac{4}{5}, \frac{7}{30}, \frac{11}{15}$

18. $2\frac{1}{6}, 1\frac{3}{4}, 3\frac{7}{8}, 2\frac{1}{10}$

_____

_____

_____

19. $\frac{5}{12}, \frac{17}{30}, \frac{3}{5}$

20. $1\frac{5}{6}, 2\frac{1}{6}, 1\frac{11}{12}, 1\frac{11}{18}$

21. $\frac{17}{20}, 1\frac{18}{25}, 2\frac{31}{36}$

_____

_____

_____

Usa el cálculo mental para comparar cada par de fracciones usando <, = ó >.

22. $\frac{1}{6}$ ☐ $\frac{1}{8}$

23. $\frac{8}{9}$ ☐ $\frac{8}{12}$

24. $\frac{1}{4}$ ☐ $\frac{1}{5}$

25. $\frac{3}{9}$ ☐ $\frac{3}{7}$

26. $\frac{5}{50}$ ☐ $\frac{1}{60}$

27. $\frac{9}{10}$ ☐ $\frac{10}{12}$

28. $\frac{1}{12}$ ☐ $\frac{1}{15}$

29. $\frac{5}{6}$ ☐ $\frac{3}{4}$

30. $\frac{1}{65}$ ☐ $\frac{3}{60}$

31. Al nacer, cuatro cachorritos midieron $5\frac{1}{4}$ pulg, $5\frac{3}{8}$ pulg, $5\frac{5}{8}$ pulg y $5\frac{5}{16}$ pulg de largo. Ordena las medidas de menor a mayor.

_____

Práctica 4-9

Escribe cada decimal representado por cada modelo como una fracción en su mínima expresión.

1.

2.

3.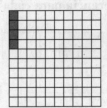

_____

Escribe cada decimal como una fracción o un número mixto en su mínima expresión.

4. 0.6 _____ **5.** 1.25 _____ **6.** 0.74 _____

7. 0.635 _____ **8.** 0.8 _____ **9.** 6.16 _____

10. 0.645 _____ **11.** 0.782 _____ **12.** 0.493 _____

Escribe cada fracción o número mixto como decimal.

13. $\frac{5}{4}$ _____ **14.** $\frac{7}{8}$ _____ **15.** $\frac{9}{16}$ _____

16. $\frac{1}{8}$ _____ **17.** $1\frac{4}{5}$ _____ **18.** $\frac{9}{100}$ _____

19. $\frac{7}{25}$ _____ **20.** $\frac{3}{50}$ _____ **21.** $\frac{1}{125}$ _____

22. Compras $2\frac{3}{4}$ de onzas de manzanas. ¿Qué número debe aparecer en la báscula digital al pesar las manzanas?

_____

Vuelve a escribir el conjunto de números de menor a mayor.

23. $\frac{2}{5}, 1.4, \frac{1}{3}, 0.5$ **24.** $2\frac{1}{5}, 2.25, \frac{8}{20}, 2.8$ **25.** $\frac{1}{3}, 0.4, \frac{4}{9}, 2.5$ **26.** $\frac{7}{8}, 0.75, \frac{3}{5}, 0.65$

Determina si cada enunciado de igualdad es verdadero o falso.

27. $\frac{2}{5} = 0.4$ **28.** $0.4 = \frac{6}{15}$ **29.** $0.5 = \frac{8}{15}$

30. $10.20 = 10\frac{2}{100}$ **31.** $4.3 = \frac{43}{10}$ **32.** $2\frac{4}{5} = 2.8$

Práctica 5-1

Escribe la fracción que se muestra en cada modelo. Luego, escoge un punto de referencia para cada medida. Usa $0, \frac{1}{2}$ ó 1.

1.

   _____

2.

   _____

Estima cada suma o diferencia. Usa los puntos de referencia $0, \frac{1}{2}$ y 1.

3. $\frac{5}{16} + \frac{5}{8}$

4. $\frac{10}{12} + \frac{4}{5}$

5. $\frac{8}{10} - \frac{1}{2}$

6. $\frac{3}{4} + \frac{3}{8}$

7. $\frac{7}{10} - \frac{1}{6}$

8. $\frac{13}{15} - \frac{1}{12}$

Estima cada suma o diferencia.

9. $4\frac{1}{4} - 1\frac{7}{9}$

10. $8\frac{6}{8} - 2\frac{1}{3}$

11. $5\frac{7}{8} + 3\frac{3}{4}$

12. $8\frac{1}{12} - 3\frac{9}{10}$

13. $6\frac{5}{7} - 2\frac{2}{9}$

14. $3\frac{5}{8} + 2\frac{3}{10}$

15. Escribe tres fracciones cuyo punto de referencia sea $\frac{1}{2}$.

   _____

16. Escribe tres fracciones cuyo punto de referencia sea 1.

   _____

17. La tela para el vestuario de una obra teatral cuesta $5.95 la yarda. Patti necesita $2\frac{7}{8}$ yardas para un traje y $3\frac{5}{8}$ para otro traje. Aproximadamente, ¿cuánto gastará para estos trajes? Estima la suma redondeando primero al número entero más cercano.

   _____

18. Una bolsa de naranjas cuesta $2.99 y pesa aproximadamente $3\frac{7}{8}$ libras. Las naranjas se venden individualmente a $.89 por libra. ¿Cuál es la mejor compra? Explica tu respuesta.

   _____

   _____

Práctica 5-2

Fracciones con denominadores iguales

Escribe cada suma o diferencia en su mínima expresión.

1. $\frac{1}{4} + \frac{2}{4}$

2. $\frac{7}{10} - \frac{4}{10}$

3. $\frac{5}{8} - \frac{3}{8}$

_____

4. $\frac{1}{8} + \frac{5}{8}$

5. $\frac{5}{8} + \frac{2}{8}$

6. $\frac{3}{10} + \frac{6}{10}$

_____

7. $\frac{11}{12} - \frac{5}{12}$

8. $\frac{11}{16} - \frac{3}{16}$

9. $\frac{3}{6} + \frac{1}{6}$

_____

10. ¿Cuál es la cantidad total de azúcar en la receta de la derecha?

_____

11. Martha decide duplicar la receta. ¿Cuánta azúcar morena usará?

_____

Receta de las galletas de Martha
1 taza de manteca
2 huevos
$\frac{1}{4}$ taza de azúcar refinada
$\frac{1}{4}$ taza de azúcar morena
$1\frac{1}{2}$ taza de harina
1 cucharadita de vainilla

Estima cada suma o diferencia.

12. $\frac{3}{8} + \frac{2}{8} - \frac{4}{8}$

13. $\frac{1}{10} + \frac{2}{10} + \frac{4}{10}$

14. $\frac{7}{15} - \frac{2}{15} - \frac{5}{15}$

_____

15. $\frac{9}{20} - \left(\frac{2}{20} - \frac{4}{20}\right)$

16. $\frac{6}{9} + \frac{2}{9} - \frac{1}{9}$

17. $\frac{12}{50} + \frac{20}{50} + \frac{8}{50}$

_____

Resuelve.

18. En la tienda de té, $\frac{5}{15}$ de clientes compraron té verde, $\frac{2}{15}$ compraron té de jazmín y $\frac{5}{15}$ compraron té de yerbas. ¿Que porción de los clientes compraron otra clase de té?

_____

19. Un trozo de tela mide $\frac{7}{9}$ de yarda de largo. Un trozo de cinta mide $\frac{2}{9}$ de yarda de largo. ¿Cuántas yardas más de cinta necesitas para tener un trozo de tela y un trozo de cinta del mismo largo?

_____

Práctica 5-3

Escribe cada suma o diferencia en su mínima expresión.

1. $\frac{1}{4} + \frac{2}{3}$

_____

2. $\frac{2}{5} - \frac{1}{10}$

_____

3. $\frac{1}{6} + \frac{1}{4}$

_____

4. $\frac{5}{8} - \frac{1}{4}$

_____

5. $\frac{7}{8} - \frac{1}{2}$

_____

6. $\frac{3}{10} + \frac{4}{5}$

_____

7. $\frac{5}{6} - \frac{2}{5}$

_____

8. $\frac{5}{12} - \frac{1}{4}$

_____

9. $\frac{7}{16} + \frac{1}{8}$

_____

10. $\frac{11}{16} + \frac{5}{8}$

_____

11. $\frac{2}{7} + \frac{1}{2}$

_____

12. $\frac{4}{5} + \frac{3}{4}$

_____

13. Jeanie tiene un trozo de cinta de $\frac{3}{4}$ de yarda. Ella necesita un trozo de $\frac{3}{8}$ de yarda y un trozo que mida $\frac{1}{2}$ yarda. ¿Puede cortar el trozo de cinta que tiene en los dos trozos más pequeños? Explica tu respuesta.

_____

Simplifica usando el cálculo mental.

14. $\frac{7}{10} + \frac{2}{5} - \frac{1}{10}$ _____

15. $\frac{5}{100} + \frac{20}{100} + \frac{30}{100}$ _____

16. $\frac{2}{8} - \frac{2}{4} + \frac{5}{8}$ _____

17. $\frac{10}{12} - \left(\frac{1}{12} + \frac{4}{6}\right)$ _____

18. $\frac{6}{10} - \frac{2}{10} + \frac{1}{2}$ _____

19. $\frac{8}{16} - \frac{1}{4} + \frac{8}{16}$ _____

20. Para la foto de la clase, $\frac{1}{5}$ de los estudiantes se pusieron pantalones, $\frac{2}{10}$ de los estudiantes se pusieron pantalones cortos y $\frac{4}{10}$ de los estudiantes se pusieron falda. ¿Qué porción de los estudiantes se puso algo más? _____

Práctica 5-4

Completa para convertir cada número mixto.

1. $3\frac{9}{8} = 4\frac{?}{8}$ _____

2. $5\frac{7}{4} = 6\frac{?}{4}$ _____

3. $2\frac{17}{12} = 3\frac{?}{12}$ _____

Escribe cada suma en su mínima expresión.

4. $4\frac{3}{10} + 5\frac{2}{5}$

5. $3\frac{7}{8} + 2\frac{1}{2}$

6. $5\frac{2}{3} + 3\frac{1}{4}$

_____   _____   _____

7. $6\frac{3}{4} + 2\frac{1}{2}$

8. $1\frac{1}{12} + 3\frac{1}{6}$

9. $9\frac{2}{5} + 10\frac{3}{10}$

_____   _____   _____

10. $7\frac{1}{3} + 5\frac{11}{12}$

11. $11\frac{7}{10} + 4$

12. $2\frac{2}{3} + 4\frac{3}{4}$

_____   _____   _____

13. $7\frac{3}{4} + 2\frac{7}{8}$

14. $4\frac{1}{2} + 3\frac{5}{6}$

15. $7\frac{2}{3} + 1\frac{5}{6}$

_____   _____   _____

16. $2\frac{1}{4} + 4\frac{3}{5}$

17. $5\frac{3}{8} + 7\frac{1}{4}$

18. $14\frac{5}{16} + 8\frac{3}{8}$

_____   _____   _____

19. $\frac{11}{12} + 4\frac{5}{12}$

20. $27\frac{2}{5} + 3\frac{4}{5}$

21. $7\frac{1}{6} + 9\frac{7}{12}$

_____   _____   _____

22. Estima la longitud de cuerda que se necesita alrededor de un triángulo cuyos lados miden $6\frac{1}{2}$ pies, $7\frac{3}{4}$ pies y $10\frac{1}{4}$ pies.

_____

23. Sam cultivó tres calabazas para el concurso de cultivo de calabazas. Las calabazas pesaban $24\frac{1}{8}$ libras, $18\frac{2}{4}$ libras y $32\frac{5}{16}$ libras. Halla el peso total combinado de las calabazas de Sam.

_____

Compara usando <, = ó >. Usa puntos de referencia como ayuda.

24. $50\frac{7}{10} + 49\frac{1}{5}$ ☐ 100

25. $5\frac{3}{4} + 5\frac{1}{8}$ ☐ $11\frac{1}{2}$

26. $20\frac{1}{5} + 4\frac{9}{10}$ ☐ 25

27. $22\frac{1}{9} + 8\frac{3}{4}$ ☐ $31\frac{11}{12}$

28. $16\frac{6}{12} + 18\frac{4}{9}$ ☐ 34.5

29. $1\frac{1}{3} + 2\frac{1}{8}$ ☐ 3.5

Práctica 5-5

Escribe cada diferencia en su mínima expresión.

1. $10\frac{11}{16} - 3\frac{7}{8}$ _____

2. $8\frac{1}{3} - 2\frac{3}{8}$ _____

3. $9 - 3\frac{2}{5}$ _____

4. $5\frac{3}{16} - 2\frac{3}{8}$ _____

5. $8\frac{1}{6} - 3\frac{2}{5}$ _____

6. $7\frac{1}{2} - 3$ _____

7. $2\frac{3}{4} - 1\frac{1}{8}$ _____

8. $4\frac{1}{8} - 2\frac{1}{16}$ _____

9. $9\frac{2}{3} - 3\frac{5}{6}$ _____

10. $2\frac{1}{10} - 1\frac{2}{5}$ _____

11. $15\frac{7}{12} - 8\frac{1}{2}$ _____

12. $6\frac{7}{16} - 2\frac{7}{8}$ _____

13. $27\frac{1}{4} - 13\frac{11}{12}$ _____

14. $5\frac{2}{5} - 1\frac{1}{4}$ _____

15. $10\frac{2}{3} - 7\frac{3}{4}$ _____

16. $5\frac{3}{4} - 2\frac{1}{2}$ _____

17. $16\frac{5}{12} - 10\frac{1}{3}$ _____

18. $23\frac{7}{8} - 9\frac{1}{16}$ _____

Resuelve.

19. Robbie necesita comprar una cerca para su huerto cuadrado de vegetales que mide $16\frac{3}{4}$ pies por lado. Uno de los lados limita con la parte de atrás del garage. La cerca cuesta $4 cada pie. Estima cuánto costará la cerca.

_____

20. Paula tiene 2 yardas de cinta elástica. Para un proyecto necesita $\frac{3}{4}$ de yarda. ¿Tiene suficiente para otro proyecto que requiere $1\frac{1}{3}$ yardas? Explica tu respuesta.

_____

_____

21. Usa una regla o cinta de medir para buscar el perímetro de tu escritorio. Mide a la media pulgada más cercana.

ancho:_____   largo:_____   perímetro:_____

Ahora halla el perímetro del escritorio de tu maestro.

ancho:_____   largo:_____   perímetro:_____

Resta para hallar la diferencia de los perímetros. _____

Práctica 5-6

Resuelve cada ecuación usando el cálculo mental. Escribe la solución en su mínima expresión.

1. $\frac{5}{17} + x = \frac{8}{17}$

_____

2. $\frac{2}{7} + x = \frac{5}{7}$

_____

3. $x - \frac{1}{2} = 10\frac{1}{10}$

_____

4. $5\frac{7}{8} - x = \frac{13}{16}$

_____

Resuelve cada ecuación. Recuerda que puedes usar un modelo.

5. $\frac{4}{7} - x = \frac{6}{35}$

_____

6. $x - \frac{1}{5} = \frac{3}{10}$

_____

7. $x + \frac{7}{22} = \frac{13}{22}$

_____

8. $\frac{7}{9} - x = \frac{1}{36}$

_____

9. $x - \frac{1}{6} = \frac{1}{6}$

_____

10. $x + 9\frac{1}{4} = 12\frac{7}{16}$

_____

11. $2\frac{5}{6} + x = 7\frac{17}{18}$

_____

12. $8\frac{3}{8} - x = 3\frac{1}{24}$

_____

Escribe y resuelve una ecuación para cada situación.

13. Lori y Fraz se comieron $\frac{7}{12}$ de una pizza de vegetales. Si Lori se comió $\frac{1}{3}$ de la pizza, ¿cuánto se comió Fraz?

_____

14. Irene tenía $\frac{9}{10}$ de gasolina en su carro cuando salió de su casa, y tenía $\frac{7}{15}$ cuando regresó de vacaciones. ¿Qué fracción del tanque de gasolina usó?

_____

15. El año pasado, Wyatt pesaba $74\frac{1}{8}$ libras en el campamento de fútbol americano. Cuando se pesó este año, tenía $4\frac{5}{12}$ libras más. ¿Cuánto pesa Wyatt actualmente?

_____

Práctica 5-7

Clark está planeando lo que hará el sábado. Él estima que cada actividad durará el siguiente tiempo.

Haz un horario del día de Clark si se despierta a las 7 a.m. Imagina que las actividades se desarrollan en el orden dado.

	Actividad	**Cantidad de tiempo**	**Hora del día**
1.	Levantarse, desayunar	30 min	_____
2.	Cortar el césped	1 h	_____
3.	Recoger las hojas del jardín	2 h	_____
4.	Lavar y encerar el carro	45 min	_____
5.	Sacar a caminar al perro	15 min	_____
6.	Limpiar el cuarto	45 min	_____
7.	Almorzar	30 min	_____
8.	Comprar ropa para la escuela	1 h 30 min	_____
9.	Leer un libro	45 min	_____
10.	Hacer la tarea	1 h 15 min	_____
11.	Cuidar a su hermano	2 h	_____
12.	Cenar	45 min	_____
13.	Arreglarse para una fiesta	30 min	_____
14.	Ir a la fiesta	20 min	_____
15.	Disfrutar de la fiesta	2 h	_____
16.	Regresar a casa	20 min	_____

Halla el tiempo que ha pasado entre cada par de horas.

17. de 2:12 p.m. a 10:18 p.m.

_____

18. de 9:35 a.m. a 8:48 p.m.

_____

19. de 6:45 p.m. a 11:24 a.m.

_____

20. de 2:55 a.m. a 8:13 a.m.

_____

21. La película comienza a las 7:45 p.m. y termina a las 10:20 p.m. ¿Cuánto tiempo dura la película?

_____

22. Un avión despega a las 10:45 a.m. y aterriza a las 4:37 p.m. ¿Cuánto dura el vuelo?

_____

Práctica 6-1

Haz un modelo para hallar cada producto.

1. $\frac{1}{6} \times \frac{3}{4}$

2. $\frac{2}{5} \times \frac{1}{2}$

Halla cada producto.

3. $\frac{3}{5}$ de 10

4. $\frac{1}{4}$ de 12

5. $\frac{2}{3}$ de 6

_____

_____

_____

6. $\frac{5}{6}$ de $\frac{3}{8}$

7. $\frac{3}{5}$ de $\frac{1}{2}$

8. $\frac{3}{4}$ de 12

_____

_____

_____

9. $\frac{3}{16}$ de 8

10. $\frac{1}{2} \times \frac{5}{6}$

11. $\frac{3}{4} \times \frac{7}{8}$

_____

_____

_____

12. $\frac{3}{5}$ de $\frac{3}{4}$

13. $\frac{1}{2} \cdot \frac{1}{3}$

14. $\frac{1}{8} \times \frac{3}{4}$

15. $\frac{2}{5} \times \frac{7}{11}$

_____

_____

_____

_____

16. $\frac{2}{3}$ de $\frac{1}{4}$

17. $\frac{2}{5} \cdot \frac{1}{2}$

18. $\frac{1}{4}$ de $\frac{4}{5}$

19. $\frac{5}{6} \cdot \frac{2}{5}$

_____

_____

_____

_____

20. $\frac{2}{7}$ de $\frac{3}{5}$

21. $\frac{1}{3}$ de $\frac{9}{10}$

22. $\frac{1}{12} \times \frac{3}{4}$

23. $\frac{3}{10} \cdot \frac{3}{5}$

_____

_____

_____

_____

24. ¿Qué producto representa el modelo?

_____

Resuelve.

25. Un gatito come $\frac{1}{4}$ de taza de comida diariamente. Otro gato en la misma casa come 6 veces más. ¿Cuánto come ese gato?

_____

26. Trajiste a casa $\frac{1}{2}$ lata de pintura. Usaste $\frac{2}{3}$ de la pintura para pintar una mesa. ¿Qué fracción de una lata de pintura llena usaste?

_____

Práctica 6-2

Estima cada producto.

1. $2\frac{5}{6} \times 1\frac{3}{4}$ _____

2. $3\frac{3}{8} \times 7\frac{1}{4}$ _____

3. $5\frac{3}{8} \times 2\frac{7}{8}$ _____

4. $2\frac{3}{8} \times 4\frac{4}{5}$ _____

5. $6\frac{7}{12} \times 5\frac{9}{10}$ _____

6. $7\frac{1}{3} \times 10\frac{11}{12}$ _____

7. $12\frac{1}{4} \times 3\frac{3}{4}$ _____

8. $8\frac{1}{6} \times 2\frac{1}{4}$ _____

9. $15\frac{2}{3} \times 5\frac{5}{7}$ _____

Halla cada producto.

10. $2\frac{5}{6} \cdot 1\frac{3}{4}$ _____

11. $3\frac{3}{8} \cdot 7\frac{1}{4}$ _____

12. $5\frac{3}{8} \times 2\frac{7}{8}$ _____

13. $2\frac{3}{8} \cdot 4\frac{4}{5}$ _____

14. $6\frac{7}{12} \times 5\frac{9}{10}$ _____

15. $7\frac{1}{3} \times 10\frac{11}{12}$ _____

16. $12\frac{1}{4} \times 3\frac{3}{4}$ _____

17. $8\frac{1}{6} \cdot 2\frac{1}{4}$ _____

18. $15\frac{2}{3} \cdot 5\frac{5}{7}$ _____

19. $\frac{1}{4} \times 5\frac{2}{5}$ _____

20. $2\frac{3}{8} \cdot \frac{4}{5}$ _____

21. $1\frac{1}{2} \cdot 5\frac{1}{3}$ _____

22. $3\frac{3}{8} \times 6$ _____

23. $\frac{3}{4} \times 1\frac{3}{5}$ _____

24. $9\frac{3}{5} \cdot \frac{1}{3}$ _____

25. $1\frac{1}{4} \times 2\frac{2}{3}$ _____

26. $1\frac{3}{5} \cdot \frac{1}{4}$ _____

27. $6\frac{1}{4} \times 1\frac{2}{5}$ _____

Resuelve.

28. Ken usó un trozo de madera para construir un estante. Si hizo tres repisas que miden $2\frac{1}{2}$ pies de largo cada una, ¿cuánto medía de largo el trozo de madera? _____

29. La receta de pastel de Diana se debe duplicar para una fiesta. ¿Cuánto de cada ingrediente debe usar Diana?

Receta para pastel		
ingrediente	*cantidad*	*doble cantidad*
harina	$2\frac{1}{4}$ tazas	_____
azúcar	$1\frac{3}{4}$ taza	_____
mantequilla	$1\frac{1}{2}$ taza	_____
leche	$\frac{3}{4}$ taza	_____

Práctica 6-3

Escribe el recíproco de cada número.

1. $\frac{7}{10}$ _____

2. 4 _____

3. $\frac{1}{3}$ _____

4. $\frac{1}{12}$ _____

5. Haz un diagrama para mostrar cuántos trozos de $\frac{3}{4}$ de pie de cuerda se pueden cortar de una cuerda de $4\frac{1}{2}$ pies de largo.

Halla cada cociente.

6. $\frac{3}{10} \div \frac{4}{5}$ _____

7. $\frac{3}{8} \div 3$ _____

8. $\frac{1}{3} \div \frac{2}{7}$ _____

9. $\frac{1}{4} \div \frac{1}{4}$ _____

10. $\frac{7}{8} \div \frac{2}{7}$ _____

11. $\frac{1}{4} \div \frac{1}{8}$ _____

12. $\frac{1}{2} \div \frac{2}{5}$ _____

13. $\frac{8}{9} \div \frac{1}{2}$ _____

14. $3 \div \frac{3}{8}$ _____

Resuelve.

15. ¿Cuántas porciones de $\frac{3}{4}$ de taza hay en un paquete de arroz de 6 tazas?

_____

16. George cortó 5 naranjas en cuartos. ¿Cuántos trozos de naranja obtuvo?

_____

17. Maureen, Frank, Tashia, Zane, Eric y Wesley están escribiendo direcciones en unos sobres como trabajo voluntario para una caridad local. Ellos reciben $\frac{3}{4}$ de un paquete completo de sobres y deben dividirlo equitativamente entre los seis. ¿Qué fracción del paquete completo de sobres recibe cada persona?

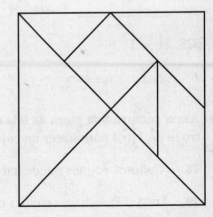

_____

18. Analiza las piezas del tangrama que se muestra a la derecha. Si el cuadrado completo es 1, halla el valor fraccional de cada pieza. Puedes copiar el tangrama y cortar las piezas para compararlas.

Práctica 6-4

Estima cada cociente.

1. $\frac{4}{5} \div \frac{7}{8}$

_____

2. $2\frac{3}{7} \div \frac{5}{6}$

_____

3. $12\frac{3}{8} \div 3\frac{3}{4}$

_____

4. $\frac{1}{8} \div \frac{11}{12}$

_____

5. $17\frac{11}{13} \div 2\frac{7}{9}$

_____

6. $51\frac{1}{5} \div 4\frac{9}{10}$

_____

7. $4 \div 1\frac{8}{11}$

_____

8. $21\frac{2}{3} \div \frac{15}{17}$

_____

9. $32\frac{5}{8} \div 2\frac{6}{11}$

_____

Halla cada cociente.

10. $1\frac{4}{5} \div \frac{1}{3}$

_____

11. $1\frac{2}{3} \div \frac{1}{8}$

_____

12. $3\frac{4}{7} \div 3\frac{1}{2}$

_____

13. $\frac{2}{5} \div 4\frac{3}{5}$

_____

14. $4\frac{1}{8} \div \frac{3}{7}$

_____

15. $2\frac{4}{5} \div 4\frac{3}{4}$

_____

16. $1\frac{5}{7} \div 1\frac{2}{3}$

_____

17. $\frac{1}{3} \div 2\frac{1}{6}$

_____

18. $1\frac{4}{9} \div \frac{6}{7}$

_____

19. $\frac{1}{2} \div 3\frac{1}{4}$

_____

20. $4\frac{2}{7} \div 1\frac{1}{6}$

_____

21. $\frac{4}{5} \div 3\frac{2}{5}$

_____

22. $\frac{1}{4} \div 1\frac{5}{9}$

_____

23. $1\frac{3}{4} \div \frac{1}{5}$

_____

24. $4\frac{2}{7} \div 1\frac{1}{2}$

_____

325 $1\frac{1}{2} \div 1\frac{2}{3}$

_____

26. $1\frac{5}{8} \div \frac{5}{9}$

_____

27. $1\frac{3}{5} \div \frac{1}{3}$

_____

Anna compró una pieza de tela de 10 yd de largo. Ella necesita un trozo de $1\frac{1}{3}$ yd para hacer un cojín.

28. ¿Cuántos cojines puede hacer Anna? _____

29. Anna decide hacer cojines más pequeños usando trozos de $\frac{2}{3}$ yd. ¿Cuántos cojines pequeños puede hacer? _____

30. Un tablero de anuncios mide 56 pulg de ancho y 36 pulg de alto. ¿Cuántas columnas de $3\frac{1}{2}$ pulg se pueden hacer? _____

Práctica 6-5

Resolver ecuaciones con fracciones con una multiplicación

Resuelve cada ecuación. Verifica la solución.

1. $\frac{n}{4} = \frac{1}{2}$

$n = $ _____

2. $\frac{x}{7} = 6$

$x = $ _____

3. $\frac{y}{19} = 3$

$y = $ _____

4. $\frac{m}{18} = 2$

$m = $ _____

5. $\frac{n}{8} = 1$

$n = $ _____

6. $\frac{n}{30} = \frac{3}{5}$

$n = $ _____

7. $\frac{3}{7}q = \frac{3}{8}$

$q = $ _____

8. $\frac{5}{14}c = \frac{1}{2}$

$c = $ _____

9. $\frac{3}{2}b = \frac{6}{7}$

$b = $ _____

10. $\frac{1}{4}n = 2$

$n = $ _____

11. $\frac{7}{8}t = 3$

$t = $ _____

12. $\frac{5}{12}h = \frac{3}{5}$

$h = $ _____

13. $\frac{4}{9}v = \frac{1}{4}$

$v = $ _____

14. $\frac{8}{25}h = 2$

$h = $ _____

15. $\frac{10}{7}h = \frac{1}{2}$

$h = $ _____

16. $\frac{2}{3}w = 3$

$w = $ _____

17. $\frac{8}{17}d = \frac{1}{3}$

$d = $ _____

18. $\frac{3}{2}v = \frac{1}{2}$

$v = $ _____

Resuelve.

19. La estampilla estándar estadounidense más grande que se ha hecho tiene aproximadamente 1 pulgada de ancho, que es $\frac{3}{4}$ de la altura de la estampilla. Escribe y resuelve una ecuación para hallar la altura de la estampilla.

_____

20. Candi dijo: "Estoy pensando en una fracción. Si la divido por $\frac{1}{2}$, obtengo $\frac{3}{11}$." ¿En qué fracción estaba pensando Candi?

_____

Práctica 6-6

Usa la tabla para escoger una unidad de medida apropiada para cada frase. Explica tu respuesta.

Unidades de medida del sistema angloamericano

	Nombre	Comparación aproximada
longitud	pulgada	longitud de la tapa de una botella de refresco
	pie	longitud del pie de un hombre
	milla	longitud de 14 campos de fútbol americano
peso	onza	peso de una rebanada de pan
	libra	peso de una hogaza de pan
	tonelada	peso de dos pianos de cola
capacidad	taza	cantidad de agua en un vaso
	cuarto	cantidad en una botella de jugo de frutas
	galón	cantidad en una lata grande de pintura

1. altura de una señal de pare

2. longitud de una hoja

3. ancho de una puerta

4. profundidad del océano

5. peso de un cuaderno pequeño

6. peso de un sofá

7. peso de un camión de basura

8. peso de una caja de libros

9. agua en una piscina

10. agua en la bañera

11. sopa en una lata

12. leche en un cartón

Compara usando <, = ó >.

13. agua que usas para lavar los platos ☐ 1 taza

14. profundidad del Gran Cañón ☐ 30 millas

15. peso de un plato de cereal ☐ 6 onzas

Práctica 6-7

Cambiar unidades en el sistema de medidas angloamericano

Completa cada enunciado.

1. $7\frac{1}{2}$ pies = _____ yd

2. 45 pulg = _____ pies

3. $1\frac{1}{4}$ mi = _____ pies

4. $2\frac{1}{2}$ lb = _____ oz

5. 28 oz líq = _____ tz

6. $2\frac{3}{4}$ T = _____ lb

7. 3 lb = _____ oz

8. 10 pt = _____ ct

Suma o resta.

9. 8 pies 3 pulg
   − 3 pies 5 pulg
   _____

10. 12 ct 1 pt
    + 11 ct 1 pt
    _____

11. 9 yd 15 pulg
    + 7 yd 28 pulg
    _____

12. 105 lb 8 oz
    − 98 lb 12 oz
    _____

13. 3 tz 7 oz líq
    + 4 tz 6 oz líq
    _____

14. 13 yd 2 pies
    − 6 yd 1 pie
    _____

Resuelve.

15. El cuentarrevoluciones de un carro muestra décimas de una milla. ¿Cuántos pies hay en $\frac{1}{10}$ de milla?

_____

16. ¿Cuántas pulgadas hay en una milla?

_____

17. Jarel compró 3 recipientes de requesón, y cada uno pesa 24 oz. ¿Cuántas libras compró?

_____

18. Katie se sirvió 12 oz de jugo de una botella de 6 ct. ¿Cuántas tazas quedaron en la botella?

_____

Usa <, = ó > para completar cada enunciado.

19. $4\frac{1}{3}$ pies ☐ 50 pulg

20. 136 oz ☐ $8\frac{1}{2}$ lb

21. 26 oz líq ☐ 3 tz

22. 5 ct ☐ $1\frac{1}{4}$ gal

23. 8 yd ☐ 21 pies

24. 4,500 lb ☐ $3\frac{1}{2}$ T

Práctica 7-1

Escribe cada razón de tres maneras.

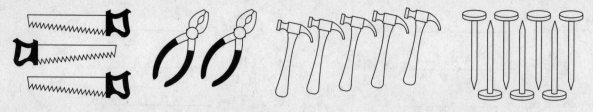

1. serruchos a alicates

_____

2. martillos a clavos

_____

3. serruchos a clavos

_____

4. clavos a serruchos

_____

5. martillos a alicates

_____

6. alicates a serruchos

_____

7. alicates a clavos

_____

8. serruchos a martillos

_____

9. clavos a martillos

_____

Escribe cada razón como fracción en su mínima expresión.

10. lápices : cuadrados

_____

11. flores : lápices

_____

12. lápices : flores

_____

13. cuadrados : flores

_____

14. flores : cuadrados

_____

15. cuadrados : lápices

_____

Halla el valor que hace que las razones sean iguales.

16. 4 a 10, 2 a ___?___

_____

17. 8 : 3, ___?___ : 9

_____

18. 51 a 18, ___?___ a 6

_____

19. $\frac{12}{12}$, $\frac{?}{20}$

_____

20. 98 : 46, 49 : ___?___

_____

21. $\frac{15}{7}$, $\frac{?}{21}$

_____

22. 1 : 1, 8 : ___?___

_____

23. $\frac{28}{56}$, $\frac{?}{14}$

_____

24. 36 a 12, ___?___ a 1

_____

Práctica 7-2

Halla la tasa unitaria de cada situación.

1. 44 respiros en 2 minutos

   _____

2. 72 jugadores en 9 equipos

   _____

3. 60 millas en 2 horas

   _____

4. 15 páginas en 30 minutos

   _____

5. 48 preguntas en 4 pruebas

   _____

6. $3 por 4 paquetes

   _____

Escribe la tasa unitaria como una razón. Luego, halla una razón igual.

7. Hay 12 pulgadas en un pie. Halla el número de pulgadas en 6 pies.

   _____

8. 1 camiseta cuesta $8.50. Halla el costo de 4 camisetas.

   _____

9. Un año tiene 365 días. Halla el número de días en 3 años.

   _____

10. Hay 6 latas por caja. Halla el número de latas en 11 cajas.

    _____

11. Hay 5 estudiantes en un grupo. Halla el número de estudiantes en 5 grupos.

    _____

12. Un cuaderno tiene 70 páginas. Halla el número de páginas en 8 cuadernos.

    _____

Halla cada precio unitario.

13. $5 por 10 libras _____

14. 40 onzas por $12 _____

15. $6 por 10 lapiceros _____

16. $60 por 5 libros _____

17. $27 por 3 camisas _____

18. $35 por 25 casetes _____

Práctica 7-3

¿Las razones en cada par forman una proporción?

1. $\frac{8}{9}, \frac{4}{3}$

   _____

2. $\frac{20}{16}, \frac{18}{15}$

   _____

3. $\frac{18}{12}, \frac{21}{14}$

   _____

4. $\frac{21}{27}, \frac{35}{45}$

   _____

5. $\frac{18}{22}, \frac{45}{55}$

   _____

6. $\frac{38}{52}, \frac{57}{80}$

   _____

7. $\frac{10}{65}, \frac{18}{87}$

   _____

8. $\frac{51}{48}, \frac{68}{64}$

   _____

Halla el valor que completa cada proporción.

9. $\frac{4}{5} = \frac{?}{15}$

   _____

10. $\frac{8}{?} = \frac{4}{15}$

   _____

11. $\frac{3}{2} = \frac{21}{?}$

   _____

12. $\frac{?}{5} = \frac{32}{20}$

   _____

13. $\frac{7}{8} = \frac{?}{32}$

   _____

14. $\frac{5}{4} = \frac{15}{?}$

   _____

15. $8 \text{ a } 12 = \underline{\ ?\ } \text{ a } 6$

   _____

16. $9 : 12 = 3 : \underline{\ ?\ }$

17. En 1910, había aproximadamente 220 familias por cada 1,000 personas en Estados Unidos. Si un pueblo en particular tenía una población de 56,000 personas, ¿aproximadamente cuántas familias habría en el pueblo?

   _____

18. Por cada 100 familias con televisor, aproximadamente a 12 familias les gusta ver deportes. En un pueblo de 23,400 familias que tienen televisor, ¿a cuántas familias les gustaría ver deportes?

   _____

19. En 1800, había aproximadamente sólo 6 personas por milla cuadrada de tierra en Estados Unidos. ¿Cuál era la población aproximada en 1800 si había aproximadamente 364,700 millas cuadradas de tierra en Estados Unidos?

Práctica 7-4

¿Forma cada par de razones una proporción?

1. $\frac{14}{21}, \frac{8}{12}$ _____

2. $\frac{12}{18}, \frac{16}{24}$ _____

3. $\frac{24}{25}, \frac{12}{15}$ _____

4. $\frac{28}{42}, \frac{26}{39}$ _____

5. $\frac{16}{24}, \frac{19}{27}$ _____

6. $\frac{50}{8}, \frac{155}{25}$ _____

Resuelve cada proporción.

7. $\frac{9}{7} = \frac{27}{x}$

_____

8. $\frac{17}{12} = \frac{34}{y}$

_____

9. $\frac{6}{a} = \frac{36}{54}$ _____

10. $\frac{m}{25} = \frac{9}{75}$

_____

11. $\frac{31}{c} = \frac{93}{15}$

_____

12. $\frac{14}{35} = \frac{m}{5}$

_____

13. $\frac{12}{27} = \frac{4}{w}$

_____

14. $\frac{46}{52} = \frac{23}{y}$

_____

Escribe y resuelve una proporción para cada problema.

15. 5 paquetes de tarjetas de béisbol cuestan $15. ¿Cuánto costarán 25 paquetes de tarjetas de béisbol?

_____

16. Hay 35 niños y 6 adultos en un preescolar. Para mantener la misma razón de niños a adultos, ¿cuántos adultos se necesitan para 140 niños?

_____

17. Sam está preparando una cena para cuatro personas. La receta requiere 15 onzas de carne. ¿Cuánta carne necesitará si hace una cena para 10 personas?

_____

18. Brenda está vendiendo revistas. Dos subscripciones cuestan $15.99. ¿Cuánto costarán 8 subscripciones?

_____

19. Un jugador de béisbol cometió 14 errores en 156 juegos este año. ¿Aproximadamente cuántos errores podría cometer en 350 juegos?

_____

Práctica 7-5

Usa una regla para medir los dibujos a escala. Luego, halla las dimensiones del objeto real con la escala dada.

1.

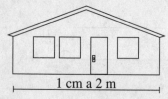

1 cm a 2 m

_____

2.

1 pulg a 20 pies

_____

3.

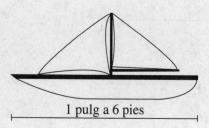

1 pulg a 6 pies

_____

4.

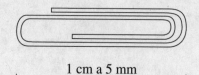

1 cm a 5 mm

_____

5.

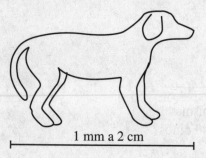

1 mm a 2 cm

_____

6.

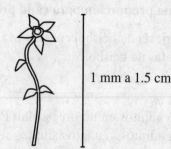

1 mm a 1.5 cm

_____

7. Halla la medida en centímetros de tu dedo pulgar desde la punta de tu uña a donde el dedo se une a la muñeca. Si hicieras un dibujo tuyo de $\frac{3}{4}$ de tu tamaño, ¿cuánto mediría tu dedo pulgar en el dibujo?

_____

8. La longitud de una pared en un plano es $6\frac{1}{2}$ pulgadas. La pared real mide 78 pies de largo. Halla la escala del plano.

_____

9. La altura de un edificio es $3\frac{3}{8}$ pulgadas en un dibujo a escala. Halla la altura real del edificio si la escala usada es 1 pulgada : 4 pies.

_____

Práctica 7-6

Escribe cada porcentaje como decimal y como fracción en su mínima expresión.

1. 46% _____   **2.** 17% _____   **3.** 90% _____   **4.** 5% _____

Escribe cada decimal como porcentaje y como fracción en su mínima expresión.

5. 0.02 _____   **6.** 0.45 _____   **7.** 0.4 _____   **8.** 0.92 _____

Escribe cada fracción como decimal y como porcentaje.

9. $\frac{3}{5}$ _____   **10.** $\frac{7}{10}$ _____   **11.** $\frac{13}{25}$ _____   **12.** $\frac{17}{20}$ _____

La tabla muestra la fracción de estudiantes que participaron en actividades extracurriculares desde 1965 hasta 2000. Completa la tabla escribiendo cada fracción como porcentaje.

Preferencia extracurricular de los estudiantes

Año	1965	1970	1975	1980	1985	1990	1995	2000
Participación de los estudiantes (fracción)	$\frac{3}{4}$	$\frac{8}{10}$	$\frac{17}{20}$	$\frac{39}{50}$	$\frac{21}{25}$	$\frac{19}{25}$	$\frac{87}{100}$	$\frac{9}{10}$
Participación de los estudiantes (porcentaje)	____	____	____	____	____	____	____	____

Escribe cada fracción o decimal como porcentaje. Escribe el porcentaje (sin el signo de porcentaje) en el crucigrama.

HORIZONTAL

1. $\frac{3}{5}$

2. $\frac{1}{5}$

3. 0.55

5. 0.23

6. $\frac{7}{20}$

7. 0.17

9. 0.4

10. $\frac{9}{25}$

VERTICAL

1. $\frac{13}{20}$

2. 0.25

3. $\frac{1}{2}$

4. $\frac{3}{20}$

5. 0.24

6. $\frac{3}{10}$

7. 0.1

8. $\frac{4}{25}$

Práctica 7-7

Hallar el porcentaje de un número

Halla cada respuesta.

1. 15% de 20

_____

2. 40% de 80

_____

3. 20% de 45

_____

4. 90% de 120

_____

5. 65% de 700

_____

6. 25% de 84

_____

7. 60% de 50

_____

8. 45% de 90

_____

9. 12% de 94

_____

10. 37% de 80

_____

11. 25% de 16

_____

12. 63% de 800

_____

13. 55% de 250

_____

14. 18% de 420

_____

15. 33% de 140

_____

Resuelve cada problema.

16. Teri usó 60% de 20 galones de pintura. ¿Cuántos galones utilizó? _____

17. Los Badger ganaron 75% de sus 32 juegos este año. ¿Cuántos
juegos ganaron?

_____

18. Violeta ganó $540 el mes pasado. Ella ahorró 30% de su
dinero. ¿Cuánto dinero ahorró?

_____

19. Una encuesta a los estudiantes de la escuela Lakeside muestra
los resultados que se ven a continuación. Hay 1,400 estudiantes
en Lakeside. Completa la tabla con el número de estudiantes en
cada actividad.

Qué hacen los estudiantes de Lakeside los sábados

Actividad	Porcentaje de los estudiantes	Número de estudiantes
Cuidar niños	22%	
Deportes	26%	
Trabajo	15%	
En casa	10%	
Dar clases	10%	
Otras	17%	

Práctica 7-8

Haz una gráfica circular de los porcentajes dados.

1.   Comidas favoritas

Pizza	Espaguetis	Hamburguesa
60%	30%	10%

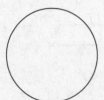

2.   Tipo de libro favorito

Animales	Deportes	Aventura	Misterio
20%	25%	10%	45%

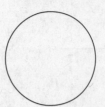

3.   Color favorito

Azul	Morado	Rojo
40%	35%	25%

4.   Deporte favorito

Natación	Sóftbol	Fútbol	Hockey
20%	30%	5%	45%

5. Número de canales de televisión
recibidos en los hogares

1–6	7–10	11–14	15–40	41–60
7%	34%	34%	19%	6%

6.   Récord de boliche

Juegos ganados	Juegos perdidos	Juegos empatados	Juegos cancelados
50%	35%	5%	10%

Usa la gráfica circular para los ejercicios 7 a 9.

7. ¿Qué elemento se encuentra en mayor cantidad en el cuerpo?

_____

8. Ordena los tres elementos, de menor a mayor cantidad.

_____

9. ¿Por qué hay una porción llamada "otros"?

_____

_____

**Elementos principales
en el cuerpo**

Práctica 7-9

Estima cada cantidad.

1. 81% de 60

   _____

2. 20% de 490

   _____

3. 48% de 97

   _____

4. 72% de 80

   _____

5. 18% de 90

   _____

6. 21% de 80

   _____

7. 39% de 200

   _____

8. 81% de 150

   _____

9. 68% de 250

   _____

10. 73% de 99

    _____

Resuelve cada problema.

11. El Sr. Andrópolis quiere darle a la mesera una propina de 12%. Estima la propina que debe dejar si la cuenta de la familia fue de $32.46.

    _____

12. Michael recibe un aumento de 9.8%. Actualmente él gana $1,789.46 mensuales. Estima la cantidad en que aumentará su pago mensual.

    _____

13. Estima el impuesto a las ventas y el costo final de un libro que cuesta $12.95 si el impuesto es del 6%.

    _____

14. Un agente de bienes raíces recibe una comisión de 9% por cada casa que vende. Imagina que vendió una casa por $112,000. Estima su comisión.

    _____

15. Una chaqueta cuesta $94.95. Tiene un descuento del 30%. Estima el precio con la rebaja.

    _____

Práctica 8-1

Usa el diagrama que se muestra a la derecha. Indica cada uno de los siguientes.

1. tres segmentos

   _____

2. tres rayos

   _____

3. dos rectas que parezcan paralelas

   _____

4. dos pares de rectas que se intersecan

   _____

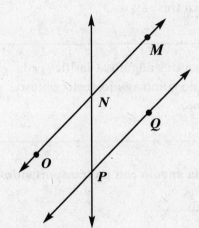

5. Traza un segmento de recta.

6. Traza un rayo.

Usa *a veces, siempre* o *nunca* para completar cada enunciado.

7. Un rayo _____ tiene un
   punto extremo.

8. Una recta _____ tiene
   un extremo.

Indica los segmentos que parecen ser paralelos.

9.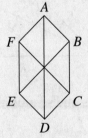

10.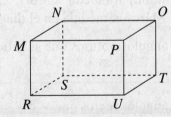

   _____

   _____

_____

_____

Práctica 8-2 ....

Usa el diagrama que se muestra a la derecha.

1. Indica tres rayos.

    _____

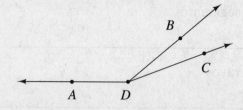

2. Indica tres ángulos. Clasifica cada
   ángulo como agudo, recto, obtuso
   o llano.

    _____

Mide cada ángulo con un transportador.

3. _____

4. _____

5. _____

6. _____

Usa un transportador para dibujar ángulos con las siguientes medidas.

7. 88°   8. 66°

Usa el diagrama que se muestra a la derecha.

9. Usa un transportador para medir $\angle MSN$, $\angle NSO$, $\angle OSP$,
   $\angle PSQ$ y $\angle QSR$. Marca la medida en el diagrama.

10. Indica todos los ángulos obtusos que se muestran.

    _____

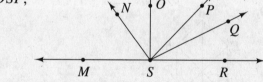

11. Indica todos los ángulos rectos que
    se muestran.

    _____

12. Indica todos los ángulos llanos que se muestran.

    _____

13. Indica todos los ángulos agudos que se muestran.

    _____

    _____

14. ¿Cuáles son las medidas de los ángulos de la figura que se
    muestra a la derecha?

    _____

Práctica 8-3

Completa cada enunciado con *a veces, siempre* o *nunca*.

1. Dos ángulos rectos _____ son complementarios.

2. Dos ángulos agudos _____ son suplementarios.

3. Un ángulo obtuso y un ángulo agudo _____ son suplementarios.

4. Un ángulo obtuso y un ángulo recto _____ son suplementarios.

Halla el valor de *x* en cada figura.

5.

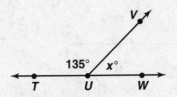

_____

6.

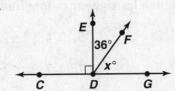

_____

7.

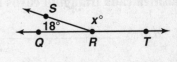

_____

8.

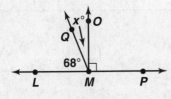

_____

9.

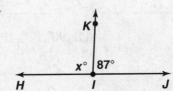

_____

10.

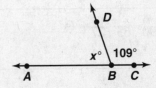

_____

Usa el diagrama de la derecha para identificar cada uno de los siguientes.

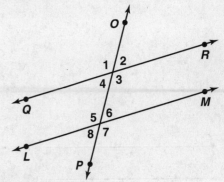

11. dos pares de ángulos suplementarios

_____

12. un par de ángulos agudos opuestos por el vértice

_____

13. un par de ángulos obtusos opuestos por el vértice

_____

14. Halla la medida del ángulo marcado *x*° en la esquina del marco de fotografías.

_____

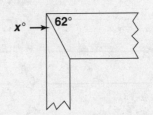

Práctica 8-4

• •

Mide los lados y ángulos de cada triángulo. Luego, identifica cada triángulo por sus ángulos y lados.

1.

2.

3.

_____   _____   _____

Clasifica cada triángulo cuyos lados tienen las siguientes longitudes.

4. 8, 9, 8 _____

5. 3, 4, 5 _____

6. 15, 15, 15 _____

7. 4, 7, 9 _____

Clasifica cada triángulo con los siguientes ángulos.

8. 60°, 60°, 60°

9. 25°, 14°, 141°

_____   _____

10. 90°, 63°, 27°

11. 90°, 89°, 1°

_____   _____

Dibuja cada triángulo. Si no puedes, explica por qué.

12. un triángulo rectángulo obtusángulo

13. un triángulo acutángulo equilátero

14. un triángulo isósceles escaleno

_____   _____   _____

_____   _____   _____

_____   _____   _____

_____   _____   _____

Práctica 8-5

Identifica cada polígono según el número de lados.

1. _____

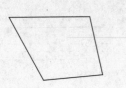

2. _____

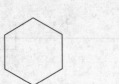

3. _____

4. _____

5. _____

6. _____

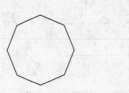

Usa el papel punteado de abajo para dibujar un ejemplo de cada polígono.

7. un cuadrilátero con un ángulo recto

8. un pentágono sin ángulo recto

9. un hexágono sin ángulos rectos

Usa el diagrama para identificar todos los siguientes polígonos.

10. cuadrilátero

_____

11. paralelogramo

_____

12. rombo

_____

13. rectángulo

_____

14. cuadrado

_____

15. trapecio

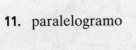

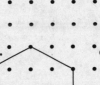

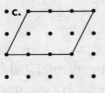

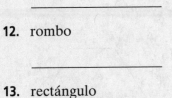

Práctica 8-6

Figuras congruentes y semejantes

Indica si cada figura es congruente con el paralelogramo que se muestra a la derecha.

1.

_____

2.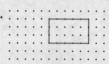

_____

3.

_____

4.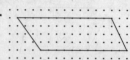

_____

¿Qué trapecio parece ser igual al que se muestra a la derecha?

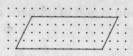

5.

_____

6.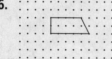

_____

7.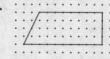

_____

8.

_____

Indica si los triángulos son *congruentes*, *semejantes* o *ninguno*.

9.

_____

10.

_____

11.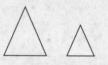

_____

12. Indica los pares de figuras que parecen semejantes. Usa un transportador para medir los ángulos si es necesario.

_____

a.

b.

c.

d.

e.

f.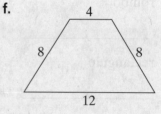

13. La figura de abajo tiene ocho triángulos congruentes. Dibuja de nuevo la figura con cuatro segmentos menos, para que queden solamente cuatro triángulos congruentes.

Práctica 8-7

Indica si cada figura tiene simetría lineal. Si es así, dibuja el/los eje(s) de simetría. Si no es así, escribe *ninguno*.

1.

2.

3.

4.

5.

6.
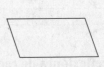

Completa cada figura de manera que cada línea sea un eje de simetría.

7.
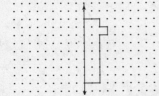

8.
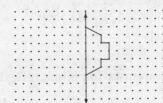

9.
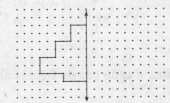

10.
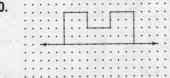

11.
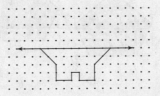

12.

¿Tienen eje de simetría las siguientes palabras? De ser así, dibújalo.

13. HECHO

14. ATA

15. CHICHO

16. AMA

17. Muchos logotipos como el de la derecha tienen al mismo tiempo un eje de simetría horizontal y uno vertical. Diseña tres logotipos más, uno con un eje de simetría horizontal solamente, uno con un eje de simetría vertical solamente, y uno que tenga tanto un eje de simetría horizontal como uno vertical.

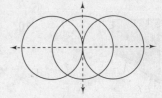

Nombre _____ Clase _____ Fecha _____

Práctica 8-8
Transformaciones

Dibuja dos traslaciones de cada figura.

1.

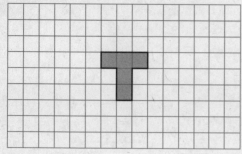

2.

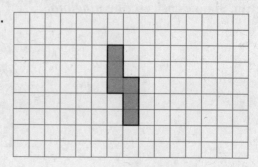

Dibuja dos reflexiones de cada figura. Usa la línea punteada como eje de reflexión.

3.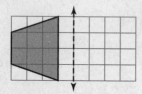

4.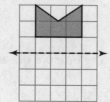

5.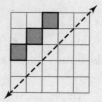

Indica si cada par de figuras muestra una traslación o una reflexión.

6.

7.

8.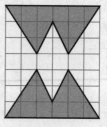

_____

_____

_____

Indica si cada figura es una rotación de la forma que se muestra a la derecha. Escribe _sí_ o _no_. Si es así, indica el número de grados.

9.

10.

11.

12.

_____

_____

_____

_____

Práctica 9-1
Unidades métricas de longitud, masa y capacidad

Escoge una unidad de longitud del sistema métrico apropiada.

1. la altura de un edificio

_____

2. el ancho de la página de un texto

_____

3. la longitud de una hormiga

_____

4. la profundidad de un lago

_____

Escoge una unidad de masa del sistema métrico apropiada.

5. un grano de arroz

_____

6. una bolsa de compras

_____

7. una pluma

_____

8. un gato

_____

9. una hoja

_____

10. un borrador

_____

Escoge una unidad de capacidad del sistema métrico apropiada.

11. un tanque de gasolina

_____

12. una taza de café

_____

13. 6 gotas de lluvia

_____

14. una jarra de jugo

_____

15. una piscina

_____

16. una lata de pintura

_____

¿Es razonable cada medida? Escribe *verdadero* o *falso*.

17. La masa de un caballo es aproximadamente 500 kg.

_____

18. Jean se tomó 5.8 L de jugo en el desayuno.

_____

19. Una taza contiene 250 ml de chocolate caliente.

_____

20. Una moneda de un centavo pesa aproximadamente 3 kg.

_____

21. La masa de un clavo es aproximadamente 500 g.

_____

22. Un campo de fútbol mide aproximadamente 5 m de largo.

_____

Práctica 9-2

Convertir unidades en el sistema métrico

Convierte cada medida a metros.

1. 800 mm

2. 50 cm

3. 2.6 km

4. 7 km

_____ _____ _____ _____

5. 35 km

6. 40 mm

7. 300 cm

8. 1.8 km

_____ _____ _____ _____

Convierte cada medida a litros.

9. 160 ml

10. 0.36 kL

11. 0.002 kL

12. 240.9 ml

_____ _____ _____ _____

13. 8 kL

14. 80 ml

15. 17.3 ml

16. 0.09 kL

_____ _____ _____ _____

Convierte cada medida a gramos.

17. 4,000 mg

18. 7 kg

19. 56,000 mg

20. 0.19 kg

_____ _____ _____ _____

21. 600 mg

22. 90 kg

23. 2,800 mg

24. 0.4 kg

_____ _____ _____ _____

Convierte cada medida.

25. _?_ km = 3,400 m

26. 420 ml = _?_ cl

27. 37 cm = _?_ m

_____ _____ _____

28. 5,100 mg = _?_ cg

29. 77.8 mm = _?_ cm

30. 9.5 kL = _?_ L

_____ _____ _____

31. 2.564 kg = _?_ g

32. _?_ m = 400,000 cm

33. 948 mm = _?_ cm

_____ _____ _____

Práctica 9-3

Halla el perímetro y el área de cada rectángulo.

1.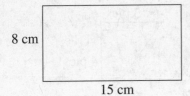
8 cm
15 cm

2.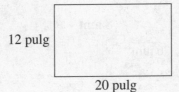
12 pulg
20 pulg

3.
6 cm
6 cm

_____   _____   _____

4. $\ell = 5$ pulg, $a = 13$ pulg

5. $\ell = 18$ m, $a = 12$ m

6. $\ell = 3$ pies, $a = 8$ pies

_____   _____   _____

Halla el área de cada cuadrado dado el lado ℓ o el perímetro P.

7. $\ell = 3.5$ yd   **8.** $\ell = 9$ cm   **9.** $P = 24$ m   **10.** $P = 38$ pulg

_____   _____   _____   _____

Escoge la calculadora, papel y lápiz o el cálculo mental para resolver.

11. La longitud de un rectángulo es 8 centímetros. El ancho es 6 centímetros.

   a. ¿Cuál es el área? _____   **b.** ¿Cuál es el perímetro? _____

12. El área de un rectángulo es 45 pulgadas cuadradas.
Una dimensión es 5 pulgadas. ¿Cuál es el perímetro? _____

13. El perímetro de un cuadrado es 36 centímetros.
¿Cuál es el área del cuadrado? _____

14. El perímetro de un rectángulo es 38 centímetros.
La longitud es 7.5 centímetros. ¿Cuál es el ancho? _____

15. La figura de la derecha solamente contiene cuadrados.
Cada lado del cuadrado sombreado es 1 unidad. ¿Cuál
es la longitud, el ancho y el área de la figura?

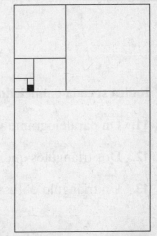

_____

_____

Práctica 9-4

Áreas de paralelogramos y de triángulos

Halla el área de cada triángulo.

1.

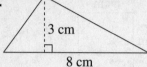

3 cm
8 cm

_____

2.

8 mm
6 mm

_____

3.

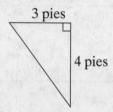

3 pies
4 pies

_____

Halla el área de cada paralelogramo.

4.

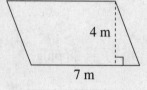

4 m
7 m

_____

5.

8 pulg
5 pulg

_____

6.

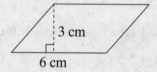

3 cm
6 cm

_____

Halla el área de cada figura compleja.

7.

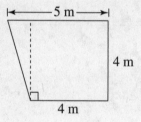

5 m
4 m
4 m

_____

8.

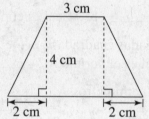

3 cm
4 cm
2 cm   2 cm

_____

9.

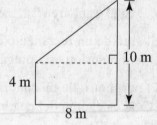

10 m
4 m
8 m

_____

10. Dibuja e identifica un triángulo y un paralelogramo que tengan
un área de 20 unidades cuadradas cada uno.

Indica si cada enunciado es *verdadero* o *falso*.

11. Un paralelogramo y un triángulo pueden tener la misma base y área. _____

12. Dos triángulos que tienen la misma base siempre tienen la misma área. _____

13. Un triángulo obtusángulo tiene una área mayor que un triángulo acutángulo. _____

Práctica 9-5

Identifica cada uno de los siguientes para el círculo O.

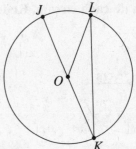

1. tres radios _____

2. un diámetro _____

3. dos cuerdas _____

Halla la longitud desconocida de un círculo con las dimensiones dadas.

4. $r = 4$ pulg; $d =$ __?__

5. $d = 15$ cm; $r =$ __?__

6. $d = 9$ mm; $r =$ __?__

_____

_____

_____

Halla la circunferencia de cada círculo. Redondea a la unidad más cercana.

7. 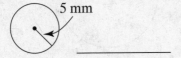 5 mm

_____

8. 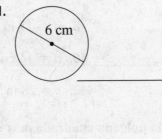 11 pulg

_____

9. 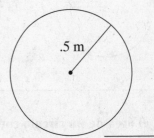 .5 m

_____

10. 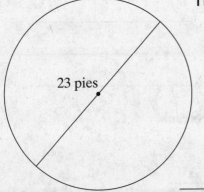 23 pies

_____

11. 6 cm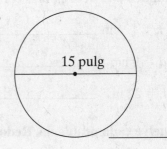

_____

12. 15 pulg

_____

Calcula la circunferencia de cada círculo dado el radio o el diámetro. Usa 3 para π.

13. $d = 4$ pulg _____

14. $d = 8$ cm _____

15. $r = 6$ m _____

16. $r = 10$ pies _____

17. $r = 3$ pulg _____

18. $d = 20$ cm _____

Halla el diámetro de un círculo con la circunferencia dada. Redondea a la unidad más cercana.

19. $C = 128$ pies _____

20. $C = 36$ cm _____

21. $C = 200$ m _____

22. $C = 85$ pulg _____

23. $C = 57$ cm _____

24. $C = 132$ pulg _____

Práctica 9-6

Área de un círculo

Halla el área de cada círculo. Redondea a la decena más cercana.

1.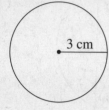

2.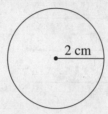

3.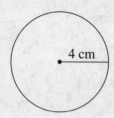

_____   _____   _____

Halla el área de cada círculo. Redondea a la unidad más cercana. Usa $\frac{22}{7}$ para π.

4.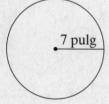

5.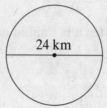

6.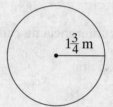

_____   _____   _____

Halla el área de un círculo con el radio o el diámetro dados.
Redondea a la decena más cercana.

7. $r = 12$ cm _____   8. $d = 15$ m _____

9. $d = 9$ cm _____   10. $d = 14$ cm _____

11. $r = 22$ m _____   12. $r = 28$ m _____

Resuelve cada problema. Redondea a la pulgada cuadrada más cercana.

13. Halla el área de una pizza con un diámetro de 8 pulgadas.

_____

14. Halla el área de una pizza con un diámetro de 12 pulgadas.

_____

15. El costo de una pizza de 8 pulgadas es $7.00. El costo de una
    pizza de 12 pulgadas es $12.50. ¿Qué pizza sale a mejor precio?
    Explica tu respuesta.

_____

_____

Práctica 9-7

Figuras tridimensionales y razonamiento espacial

Nombra cada figura tridimensional.

1.

_____

2.

_____

3.

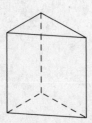

_____

4.

_____

5.

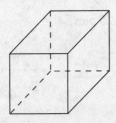

_____

6.

_____

7.

_____

8.

_____

9. En una pirámide cuadrada, ¿de qué forma son las caras?

_____

10. ¿Cuántas caras tiene un prisma rectangular? ¿Cuántas aristas?
¿Cuántos vértices?

_____

Práctica 9-8

Dibuja una plantilla para cada prisma.

1.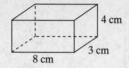

2.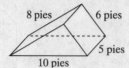

3.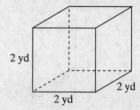

Halla el área total de cada figura a la unidad entera más cercana.

4.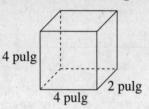

_____

5.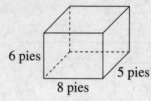

_____

6.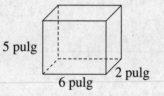

_____

7.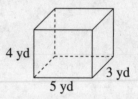

_____

Halla el área total de un prisma rectangular con la plantilla dada.

8.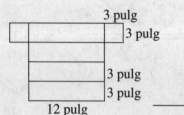

_____

9.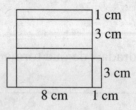

_____

10. Jan está haciendo un portalápices con una lámina de plástico. El portalápices medirá 4 pulgadas de alto. No tendrá cubierta. El perímetro de la base cuadrada es 17.64 pulgadas. ¿Cuánto plástico necesita Jan? _____

Práctica 9-9

Volúmenes de prismas rectangulares

Halla el volumen de cada prisma rectangular.

1.
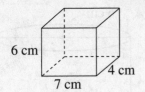

2.
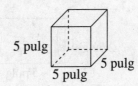

3.
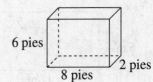

_____

_____

_____

4.
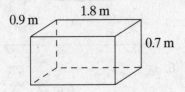

5.
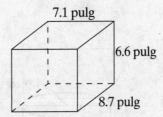

6.
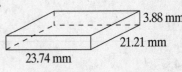

_____

_____

_____

7. $\ell = 6$ cm, $a = 5$ cm, $h = 12$ cm

8. $\ell = 13$ pulg, $a = 7$ pulg, $h = 9$ pulg

_____

_____

9. $\ell = 14$ m, $a = 13$ m, $h = 19$ m

10. $\ell = 44$ cm, $a = 27$ cm, $h = 89$ cm

_____

_____

11. $\ell = 2.5$ pies, $a = 1.9$ pies, $h = 11.6$ pies

12. $\ell = 48.1$ m, $a = 51.62$ m, $h = 3.42$ m

_____

_____

13. Una caja para empaque mide 1.2 m de largo, 0.8 m de ancho y 1.4 m de alto. ¿Cuál es el volumen de la caja?

_____

14. Una pecera mide 3 pies de largo, 2 pies de ancho y 2 pies de alto. ¿Cuál es el volumen de la pecera?

_____

15. Una piscina tiene 25 pies de ancho, 60 pies de largo y 7 pies de profundidad. ¿Cuál es el volumen de la piscina?

_____

Nombre _____ Clase _____ Fecha _____

Práctica 9-10

Áreas totales y volúmenes de cilindros

• •

Halla el área total de cada figura al entero más cercano.

1.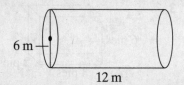

_____

2.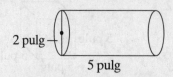

_____

3.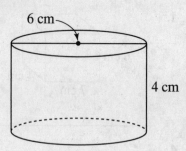

_____

4.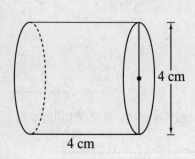

_____

5.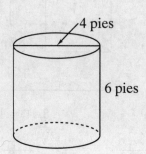

_____

6.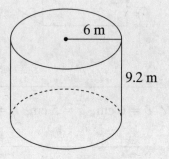

_____

Halla el volumen de cada cilindro. Redondea al entero más cercano.

7.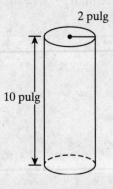

_____

8.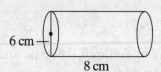

_____

9.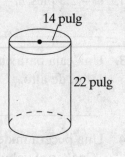

_____

Halla el área total y el volumen de cada cilindro con las medidas que se dan. Redondea al entero más cercano.

10. $d = 12$ pulg; $h = 14$ pulg

Área total: _____

Volumen: _____

11. $d = 8.4$ m; $h = 9.3$ m

Área total: _____

Volumen: _____

12. $d = 19.66$ mm; $h = 25.44$ mm

Área total: _____

Volumen: _____

Práctica 10-1

La figura rectangular en un conjunto de bloques viene en dos tamaños (grande y pequeño), tres colores (amarillo, rojo y azul) y dos grosores (grueso y fino).

1. Haz un diagrama de árbol para hallar el total de resultados. _____

2. ¿Cuántos resultados son posibles?

    _____

3. ¿Cuántos resultados serán rojos?

    _____

4. ¿Cuántos resultados serán azules y finos?

    _____

5. ¿Cuántos resultados serán grandes?

    _____

6. Muestra cómo puedes usar el principio de conteo para hallar el número de resultados.

    _____

7. Imagina que también hay tamaño mediano. ¿Cuántos resultados son posibles ahora?

    _____

Usa el principio de conteo para hallar el número total de resultados.

8. Lanzas una moneda 8 veces.

    _____

9. Un restaurante sirve 12 tipos de plato fuerte, 6 tipos de entradas y 4 tipos de arroz. ¿Cuántas comidas con entrada, plato fuerte y arroz hay?

    _____

Construye un espacio muestral usando un diagrama de árbol. ¿Cuántos resultados posibles hay?

10. Giras la rueda de la derecha y luego lanzas una moneda.

    _____

11. Lanzas una moneda dos veces, luego tiras un cubo numérico.

    _____

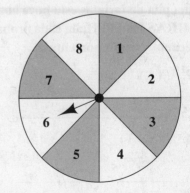

Práctica 10-2

Un cubo numérico es lanzado una vez. Halla cada probabilidad. Escribe tu respuesta como fracción, decimal y porcentaje.

1. $P(3)$ _____

2. $P(\text{par})$ _____

3. $P(1, 3 \text{ ó } 5)$ _____

4. $P(0)$ _____

5. $P(1 \text{ ó } 6)$ _____

6. $P(1 \text{ a } 6)$ _____

Una rueda giratoria se divide en 5 partes iguales. Giras una vez.

7. Halla la probabilidad de que la rueda caiga en una sección blanca.

   _____

8. Halla la probabilidad de que la rueda caiga en una sección oscura.

   _____

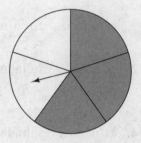

Usa las palabras *imposible, igual probabilidad* y *seguro* para describir cada situación. Luego halla la probabilidad.

9. sacar azul en un cubo con 3 caras azules y 3 caras amarillas.

   _____

10. sacar una moneda de 5 centavos de una bolsa que tiene 7 monedas de 10 centavos.

    _____

11. Escoger un nombre que comience con *H* de la página de una guía telefónica que comienza con *Hardy* y termina con *Hoffman*.

    _____

Una pila de tarjetas está boca abajo. Cada tarjeta tiene una letra de la palabra ARRASTRAR. Halla cada probabilidad y escríbela como fracción, como decimal y como porcentaje.

12. $P(A)$

13. $P(T)$

    _____   _____

14. $P(S \text{ ó } T)$

15. $P(\text{consonante})$

    _____   _____

Práctica 10-3

Mirga y José jugaron un juego y completaron la tabla.

Mirga gana	‖‖‖ ‖‖‖ ‖‖‖ ‖‖‖ ‖‖‖ I
José gana	‖‖‖ I
Veces jugadas	‖‖‖ ‖‖‖ ‖‖‖ ‖‖‖ ‖‖‖ ‖‖‖ II

1. Halla la probabilidad experimental de que Mirga gane.

   _____

2. Halla la probabilidad experimental de que José gane.

   _____

3. ¿Crees que el juego es justo? Explica tu respuesta.

   _____

La tabla de abajo muestra los resultados de girar una rueda 15 veces. Halla cada probabilidad experimental.

Intento	1	2	3	4	5	6	7	8
Resultado	azul	amarillo	rojo	azul	verde	rojo	amarillo	azul

Intento	9	10	11	12	13	14	15
Resultado	azul	verde	rojo	azul	azul	verde	rojo

4. P(rojo) _____
5. P(amarillo) _____
6. P(verde) _____
7. P(azul) _____

Un día, se les pidió a 40 miembros que vinieron al club atlético que completaran una encuesta. Usa los resultados de abajo para hallar cada probabilidad.

Pregunta
¿Eres mujer u hombre?
¿Tienes menos de 26 años?

Resultado
28 hombres, 12 mujeres
24 sí, 16 no

8. P(hombres) _____
9. P(26 o mayor) _____

Para los ejercicios 10 y 11, usa la tabla que muestra los resultados de lanzar un cubo numérico 20 veces. ¿Es justo el juego? Explica tu respuesta.

Resultado	1	2	3	4	5	6
Número de veces lanzado	1	2	4	6	2	5

10. El Jugador A gana si el número es par. El jugador B gana si el número es impar.

    _____

11. El Jugador A gana si el número es 2. El jugador B gana si el número es 5.

    _____

Práctica 10-4

Responde cada pregunta con una oración completa y en tus propias palabras.

1. ¿Qué es *población*?

   _____

   _____

2. ¿Qué es una *muestra*?

   _____

   _____

3. ¿Cómo puedes predecir el número de veces que un suceso ocurrirá?

   _____

   _____

   _____

La probabilidad de un suceso es 20%. ¿Cuántas veces esperas que ocurra ese suceso en el número de intentos dado?

4. 15 intentos   5. 40 intentos   6. 75 intentos   7. 120 intentos

   _____   _____   _____   _____

Escribe y resuelve una proporción para hacer cada predicción.

8. En una muestra de 400 clientes de un restaurante, se determinó que 156 clientes pidieron ensalada. El restaurante generalmente tiene 1,200 clientes al día. Predice cuántos de esos clientes pedirán ensalada.

   _____

9. Una compañía prueba una muestra antes de distribuir 600 tiras de luces. Un inspector de calidad examina 75 tiras de luces y encuentra que 3 tienen defectos. Predice cuántas de las tiras de luces que se van a distribuir tienen defectos.

   _____

10. Una compañía hace cronómetros. Un inspector encuentra 22 cronómetros defectuosos en una muestra de 500. Predice cuántos cronómetros tendrán defectos en un envío de 4,250 cronómetros.

   _____

Práctica 10-5

Indica si los sucesos son independientes o no. Explica tus respuestas.

1. Sacas una canica roja de una bolsa. Luego, sacas una canica verde.

   _____

2. Sacas una canica roja de una bolsa y la pones dentro de nuevo.
   Luego, sacas una canica verde.

   _____

3. Lanzas un cubo numérico 3 veces.

   _____

Se gira la rueda de la derecha dos veces. Halla la probabilidad.

4. ambas veces rojo   5. blanco, luego negro   6. ambas veces negro

   _____   _____   _____

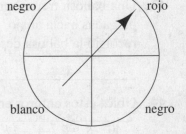

7. blanco, luego rojo   8. ambas veces blanco   9. negro, luego rojo

   _____   _____   _____

10. ¿Son los turnos de girar la rueda sucesos independientes? Explica
    tu respuesta.

    _____

**Se lanza un cubo numérico tres veces. Halla la probabilidad de cada
secuencia de lanzamientos.**

11. 2, 3, 6   12. impar, par, impar   13. todos mayores que 1

    _____   _____   _____

Imagina que cada letra de tu nombre se imprime en una tarjeta aparte.

14. Se saca una tarjeta de un recipiente que contiene las letras del
    nombre. Halla P(primera letra de tu nombre).

    _____

15. Una tarjeta se saca de un recipiente que contiene las letras del
    apellido. Halla P(primera letra de tu apellido).

    _____

16. Se saca una tarjeta de cada recipiente. Halla P(tus inciales).

    _____

Práctica 11-1

Usa un entero que represente cada situación.

1. gastó $23 _____

2. perdió 12 yardas _____

3. depósito de $58 _____

Escribe el opuesto de cada entero.

4. 16 _____

5. −12 _____

6. 100 _____

7. 75 _____

Halla el valor absoluto.

8. $|-5|$ _____

9. $|13|$ _____

10. $|25|$ _____

11. $|-7|$ _____

12. La temperatura en Fargo, Dakota del Norte, fue de 6°F al mediodía. A las 4 p.m. la temperatura bajó a −10°F. ¿Qué entero representa el cambio en la temperatura?

_____

13. Una babosa trepa 3 pulgadas sobre una pared. Luego se desliza 6 pulgadas hacia abajo. ¿Qué entero representa la distancia que recorrió la babosa desde su posición original?

_____

14. Ubica estos enteros en la recta numérica: −4, 9, 1, −2, 3.

$$\longleftarrow \overset{\displaystyle |}{-10} \ \ \overset{\displaystyle |}{-8} \ \ \overset{\displaystyle |}{-6} \ \ \overset{\displaystyle |}{-4} \ \ \overset{\displaystyle |}{-2} \ \ \overset{\displaystyle |}{0} \ \ \overset{\displaystyle |}{2} \ \ \overset{\displaystyle |}{4} \ \ \overset{\displaystyle |}{6} \ \ \overset{\displaystyle |}{8} \ \ \overset{\displaystyle |}{10} \longrightarrow$$

Indica el entero que cada punto representa en la recta numérica.

15. J _____

16. K _____

17. L _____

18. M _____

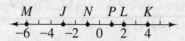

Escribe dos números que tengan el valor absoluto dado.

19. 4 _____

20. 38 _____

21. 260 _____

22. 4,092 _____

Imagina que los días de la semana son enteros. Hoy es 0, los días pasados son negativos y los días futuros son positivos.

23. Si hoy es martes, ¿qué entero representa el domingo pasado? _____

24. Si hoy es miércoles, ¿qué entero representa el sábado que viene? _____

25. Si hoy es viernes, ¿qué entero representa el sábado pasado? _____

26. Si hoy es lunes, ¿qué entero representa el lunes que viene? _____

Práctica 11-2

Compara usando < ó >.

1. 2 ☐ −9

2. −5 ☐ −4

3. 10 ☐ −10

4. −2 ☐ 5

5. −33 ☐ 2

6. −50 ☐ −60

7. −9 ☐ 0

8. −9 ☐ −4

Ordena cada conjunto de enteros de menor a mayor.

9. −7, −5, −12, −4 _____

10. 0, −6, 6, 4, −4 _____

11. 15, −36, 4, −50 _____

12. −3, −12, 9, −27 _____

13. Ordena las temperaturas de menor a mayor. _____

- La temperatura era 25 °F bajo cero.

- La temperatura de la piscina era 78 °F.

- El agua se congela a 32 °F.

- La temperatura baja en diciembre es −3 °F.

- La temperatura del refrigerador era 34 °F.

Escribe un entero que se localice en la recta numérica entre los enteros dados.

14. −2, _____, 9

15. 3, _____, −12

16. −7, _____, −11

17. 0, _____, −5

18. 2, _____, −1

19. −25, _____, −16

Completa con un entero que haga que el enunciado sea verdadero.

20. −9 > _____

21. 0 > _____

22. −1 > _____

23. 3 < _____

24. −5 < _____

25. −50 < _____

26. En las clases de buceo, Sue descendió 30 pies, Harriet descendió 120 pies y Kathy descendió 90 pies. ¿Qué enteros representan estas profundidades? Ordena los enteros de menor a mayor.

_____

Práctica 11-3

Escribe una expresión numérica para cada modelo. Halla cada suma.

1. _____

2. _____

3. _____

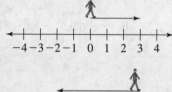

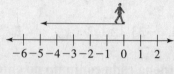

Usa una recta numérica o el cálculo mental para hallar cada suma.

4. $-2 + (-8)$ _____

5. $8 + (-4)$ _____

6. $-6 + 3$ _____

7. $-2 + (-6)$ _____

8. $6 + (-9)$ _____

9 $-5 + (-7)$ _____

Compara. Escribe <, = ó >.

10. $-5 + (-6)$ ☐ $6 + (-5)$

11. $-8 + 10$ ☐ $-3 + 6$

12. $-4 + (-9)$ ☐ $-8 + (-5)$

13. $20 + (-12)$ ☐ $-12 + (-4)$

Resuelve.

14. Bill sobregiró su cuenta por $15. Hay un costo de servicio de $10 por cada sobregiro. Si él deposita $60, ¿cuál es su nuevo saldo?

_____

15. Julia depositó $65 en su cuenta de ahorros. El día siguiente sacó $24. ¿Cuánto de su depósito le queda en su cuenta?

_____

16. La temperatura al mediodía era 9 °F. La temperatura bajó 15 grados en la tarde. ¿Cuál es la nueva temperatura?

_____

17. La temperatura era 10° bajo cero y bajó 24 grados. ¿Cuál es la nueva temperatura?

_____

18. El equipo de fútbol americano de la escuela perdió 4 yardas en una jugada y ganó 9 en la siguiente jugada. ¿Cuál fue el cambio total en yardas?

_____

19. Philip ganó $5 por palear nieve y recibió $8 en su mesada. Si gastó $6 en el cine, ¿cuánto le queda?

_____

Nombre _____ Clase _____ Fecha _____

Práctica 11-4

Escribe una expresión numérica para cada modelo. Halla cada diferencia.

1.

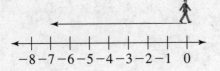
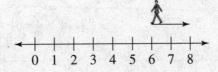

_____

2.

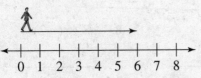
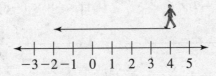

_____

3.

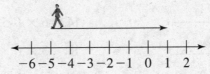

_____

4.

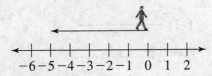

_____

Halla cada diferencia.

5. $2 - 5$ _____   **6.** $-5 - 2$ _____   **7.** $-6 - 3$ _____

8. $10 - (-3)$ _____   **9.** $-9 - (-2)$ _____   **10.** $0 - (-5)$ _____

Compara usando <, = ó >.

11. $5 - 12 \;\square\; 5 - (-12)$ **12.** $8 - (-5) \;\square\; -8 - 5$

13. $9 - (-4) \;\square\; 4 - (-9)$ **14.** $-12 - 12 \;\square\; 12 - (-12)$

Resuelve.

15. La temperatura era 48 °F y bajó 15° en dos horas.
¿Cuál fue la temperatura después del cambio?   _____

16. La temperatura a medianoche es −5 °C y se espera que baje 12° para
el amanecer. ¿Cuál se espera que sea la temperatura al amanecer? _____

17. Catherine tiene $400 en su cuenta de ahorros. Ella hace un cheque
por $600. ¿Cuál es el saldo en su cuenta?   _____

18. En la primera jugada, el equipo de fútbol americano perdió 6 yardas. En la
segunda jugada, el equipo perdió 5 yardas. ¿Cuál fue el cambio total de yardas? _____

Curso 1 Capítulo 11

Lección 11-4 Práctica   **83**

© Pearson Education, Inc., publishing as Pearson Prentice Hall. All rights reserved

Práctica 11-5

Usa una recta numérica para hallar cada producto.

1. 5×2 **2.** -4×3 **3.** $6 \times (-2)$ **4.** $-3 \times (-2)$

_____   _____   _____   _____

Halla cada producto.

5. 7×8 **6.** -5×7 **7.** $4 \times (-8)$ **8.** $-8 \times (-2)$

_____   _____   _____   _____

9. $11 \times (-6)$ **10.** -7×6 **11.** $-8 \times (-8)$ **12.** 10×4

_____   _____   _____   _____

Halla cada producto.

13. $11 \times (-9) \times (-4)$ _____   **14.** $-6 \times (-5) \times (-1)$ _____

15. $5 \times 7 \times (-2) \times 3$ _____   **16.** $-3 \times 6 \times (-4) \times 5$ _____

17. Tu maestro compra 24 dulces para una celebración en clase, a $2 cada uno. ¿Qué entero expresa la cantidad que él pagó?

_____

18. La temperatura ha estado bajando a 5 °F continuamente cada día. ¿Qué entero representa el cambio de temperatura en grados en los últimos 7 días desde hoy?

_____

19. Un submarino parte de la superficie del Océano Pacífico y desciende 60 pies cada hora. ¿Qué entero representa la profundidad del submarino después de 6 horas?

_____

20. Un paracaidista cae aproximadamente 10 metros por segundo. Escribe un enunciado numérico que represente cuántos metros caerá en 40 segundos.

_____

Práctica 11-6

Halla cada cociente.

1. $14 \div 7$

2. $21 \div (-3)$

3. $-15 \div 5$

4. $-27 \div (-9)$

_____ _____ _____ _____

5. $45 \div (-9)$

6. $-42 \div 6$

7. $-105 \div (-15)$

8. $63 \div (-9)$

_____ _____ _____ _____

9. $108 \div 6$

10. $-204 \div 17$

11. $240 \div (-15)$

12. $-252 \div (-12)$

_____ _____ _____ _____

13. $-286 \div 13$

14. $320 \div 16$

15. $-378 \div (-14)$

16. $380 \div (-19)$

_____ _____ _____ _____

Representa cada regla de cambio con un entero.

17. gasta $300 en 5 días

18. corre 800 pies en 4 minutos

_____ _____

19. desciende 45 yardas en 15 segundos

20. pierde 26 onzas de grasa en 13 meses

_____ _____

21. La colección de tarjetas de Juan valía $800. En los últimos 5 años, la colección disminuyó $300 de su valor. ¿Qué entero representa la disminución de valor promedio cada año?

_____

22. Florence compró acciones a $20 por acción. 6 días más tarde el valor de las acciones era $32 por acción. ¿Qué entero representa el aumento promedio del valor de las acciones cada día?

_____

23. Un tren de carga sale a 0 millas por hora. Después de 15 millas, el tren viaja a 90 millas por hora. ¿Qué entero representa el aumento promedio de velocidad por milla?

_____

Práctica 11-7

Resuelve cada ecuación. Verifica la solución.

1. $r + 16 = 8$ _____

2. $-6 + m = -14$ _____

3. $p + 18 = -12$ _____

4. $t - 14 = -10$ _____

5. $c - (-6) = 20$ _____

6. $y - 11 = -4$ _____

7. $h \div 8 = -8$ _____

8. $4z = -96$ _____

9. $y \div (-5) = -12$ _____

10. $-9w = -81$ _____

11. $-4u = 56$ _____

12. $x \div (-7) = 8$ _____

Escribe y resuelve una ecuación para cada situación.

13. Tienes 26 canciones en tu reproductor de música digital. Después le agregas algunas y tienes 39 canciones. ¿Cuántas canciones agregaste?

_____

14. Ganaste $32 por cuidar niños por 4 horas. ¿Cuánto ganaste por hora?

_____

15. Joe ganó 24 puntos para el equipo de natación durante la primera mitad del torneo. Ganó 47 puntos durante todo el torneo. ¿Cuántos puntos ganó durante la segunda mitad del torneo?

_____

16. Jan tenía 36 libros que había sacado de la biblioteca. Después de regresar algunos, aún tenía 17 libros. ¿Cuántos libros regresó Jan a la biblioteca?

_____

17. Dan y cuatro amigos compartieron el costo de tres pizzas y cinco bebidas. Si cada chico aportó $9, ¿de cuánto fue el total de la cuenta?

_____

Práctica 11-8

Hacer gráficas en el plano de coordenadas

Indica el punto que representa las coordenadas dadas en el plano de coordenadas que se muestra a la derecha.

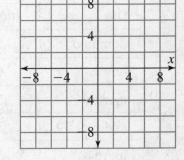

1. $(2, 3)$ _____
2. $(-4, 0)$ _____
3. $(-3, -5)$ _____
4. $(0, 6)$ _____

Halla las coordenadas de cada punto en el plano que está a la derecha.

5. J _____
6. E _____
7. D _____
8. A _____
9. G _____
10. C _____

Representa gráficamente cada punto en el plano de coordenadas de la derecha.

11. $A\ (8, -4)$
12. $B\ (-4, 8)$
13. $C\ (4, 8)$
14. $D\ (-8, -4)$
15. $E\ (8, 4)$
16. $F\ (-4, -8)$

17. Un taxi comienza en el punto $(4, -3)$. Recorre 3 cuadras al oeste y 5 cuadras al norte para recoger a un pasajero. ¿Cuáles son las coordenadas del pasajero?

    _____

18. Un camión de mudanza monta una carga en cierta dirección, $(-2, 1)$. Viaja 7 cuadras al sur y 6 cuadras al este a la nueva dirección. ¿Cuál es la ubicación de la nueva dirección?

    _____

Usa el plano de coordenadas que se muestra a la derecha.

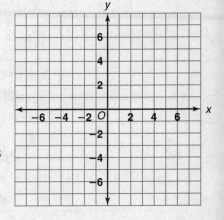

19. Representa gráficamente cuatro puntos en el plano de coordenadas de modo que cuando se unan los puntos en orden, la forma sea un rectángulo. Indica las coordenadas de los puntos.

    _____

20. Representa gráficamente cuatro puntos en el plano de coordenadas de modo que cuando se unan los puntos en orden, la figura sea un paralelogramo que no sea rectángulo. Indica las coordenadas de los puntos.

    _____

Práctica 11-9

Usa la gráfica de la derecha para los ejercicios 1 a 4.

Pelotas de baloncesto vendidas

1. ¿Cuántas pelotas de baloncesto se vendieron la tercera semana? _____

2. ¿Cuántas pelotas de baloncesto se vendieron la quinta semana? _____

3. ¿Cuántas pelotas más de baloncesto se vendieron la cuarta semana que la tercera semana? _____

4. ¿Qué semanas muestran una baja en el número de pelotas de baloncesto vendidas?

_____

5. Halla el saldo de cierre de cada día.

Día	Ingresos	Gastos	Saldo
domingo	$45	−$32	
lunes	$50	−$40	
martes	$40	−$26	
miércoles	$45	−$50	
jueves	$30	−$35	
viernes	$60	−$70	
sábado	$60	−$53	

6. Haz una gráfica lineal que muestra los saldos del ejercicio 5.

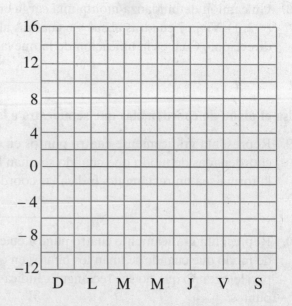

7. ¿Qué día se tuvo el saldo más alto?

_____

8. ¿Qué día se tuvo el saldo más bajo?

_____

9. ¿Qué dos días reflejan el mismo saldo?

_____

10. ¿Cuál fue el saldo total de la semana? ¿Fue una pérdida o una ganancia?

_____

Práctica 11-10

Completa la tabla de función según la regla dada.

Regla: salida = entrada · 5

1.

entrada	1	2	3	4	5
salida	5	10	15		

Regla: salida = entrada · 2

2.

entrada	10	20	30	40	50
salida	20	40	60		

Regla: salida = entrada + 3

3.

entrada	3	4	5	6	7
salida	6	7	8		

Haz una tabla y representa gráficamente cada función. Usa −2, −1, 0, 1 y 2 como valores para x.

4. $y = x - 1$

5. $y = 3x$

6. $y = \frac{x}{2} - 1$

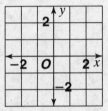

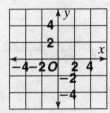

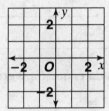

Representa gráficamente cada función.

7.

Horas	Salarios ($)
1	15
2	30
3	45
4	60

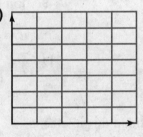

8.

Galones	Cuartos
1	4
2	8
3	12
4	16

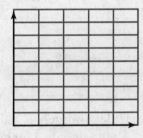

9. Un estacionamiento cobra $3.50 por hora. La regla de función $c = 3.5\,h$ muestra el número de horas h en relación con el costo del estacionamiento c. Representa gráficamente la función.

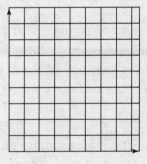

Práctica 12-1

• •

Explica qué se hizo con la primera ecuación para obtener la segunda ecuación.

1. $\frac{x}{5} - 3 = 12 \rightarrow x = 75$

   _____

   _____

2. $6x + 7 = 31 \rightarrow x = 4$

   _____

   _____

3. $\frac{x}{3} + 2 = 4 \rightarrow x = 6$

   _____

   _____

Resuelve cada ecuación. Verifica la solución.

4. $4r + 13 = 57$

   $r = $ _____

5. $\frac{z}{4} + 16 = 21$

   $z = $ _____

6. $7 = \frac{t}{6} - 3$

   $t = $ _____

7. $6q - 18 = 30$

   $q = $ _____

8. $\frac{w}{15} + 26 = 42$

   $w = $ _____

9. $15u + 18 = 18$

   $u = $ _____

10. $9 = 7b - 12$

    $b = $ _____

11. $\frac{x}{11} + 21 = 35$

    $x = $ _____

12. $\frac{s}{7} - 11 = 17$

    $s = $ _____

13. Hideki horneó 41 galletas. Él le dio la misma cantidad de galletas a cada uno de 5 amigos, y se quedó con 11 galletas. ¿Cuántas galletas recibió cada amigo?

    _____

14. Estella compra vestidos por catálogo. Ella paga $65 por cada vestido, más el envío de $8 por el pedido completo. Si su pedido cuesta $268, ¿cuántos vestidos compró?

    _____

15. La Srta. Juárez sembró un árbol de 7 pies de alto. La altura (h) del árbol, en pies, después de n años se da en la ecuación $h = 4n + 7$. ¿En cuántos años la altura será de 39 pies?

    _____

Práctica 12-2

Desigualdades

Representa gráficamente cada desigualdad en una recta numérica.

1. $x \leq 3$

2. $t > 1$

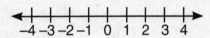

3. $q \geq -10$

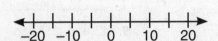

4. $m < 50$

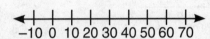

Para cada desigualdad, indica si el número en negritas es una solución.

5. $x < 7; \mathbf{7}$ _____

6. $p > -3; \mathbf{3}$ _____

7. $k \geq 5; \mathbf{0}$ _____

8. $z \leq 12; \mathbf{4}$ _____

9. $n > 3; \mathbf{6}$ _____

10. $g \geq 3; \mathbf{-1}$ _____

Escribe una desigualdad para cada gráfica.

11. _____

12. _____

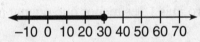

Escribe un enunciado del mundo real para cada desigualdad.

13. $d \geq 60$

14. $p < 200$

Escribe y representa gráficamente una desigualdad para cada enunciado.

15. Puedes caminar allí en 20 minutos o menos.

16. Cada premio vale más de $150.

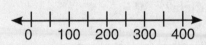

17. Una especie de pez gato, *malapterurus electricus*, puede generar hasta 350 voltios de electricidad.

a. Escribe una desigualdad para representar la cantidad de electricidad generada por el pez.

_____

b. Haz una gráfica de la desigualdad que escribiste en la parte (a).

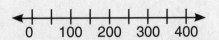

Práctica 12-3

Resolver desigualdades de un paso

Resuelve cada desigualdad.

1. $x - 5 < 15$

_____

2. $m + 7 \geq 12$

_____

3. $k + 5 < -10$

_____

4. $g - (-4) \geq 0$

_____

5. $-6 > b - 24$

_____

6. $f - 6 < 12$

_____

7. $q + 9 < 60$

_____

8. $h + (-1) > -1$

_____

9. $42 + p \geq 7$

_____

Escribe una desigualdad para cada oración. Luego, resuelve la desigualdad.

10. Cinco es mayor que un número menos 2. _____

11. Veinte es menor que o igual a un número más 4. _____

12. Un número menos 5 es mayor que 25. _____

13. Un número más 18 es menor que o igual a 20. _____

Escribe una desigualdad para cada problema. Luego, resuelve la desigualdad.

14. Tú y el profesor de ajedrez han estado jugando ajedrez por 18 minutos. Para ingresar al club de ajedrez, debes ganar el juego en menos de 45 minutos. ¿Cuánto tiempo tienes para ganar el juego?

_____

15. Tu tarjeta telefónica te permite hablar a larga distancia hasta por 120 minutos. Has estado hablando a larga distancia por 72 minutos. ¿Por cuánto tiempo más puedes hablar antes de que se gaste la tarjeta?

_____

Resuelve cada desigualdad mentalmente.

16. $x - 28 < 108$

_____

17. $s - 18 \geq 12$

_____

18. $t + 5 < -15$

_____

19. $g + 12 > 20$

_____

20. $k - 4 \geq 25$

_____

21. $24 > b + 16$

_____

Práctica 12-4

Explorar raíces cuadradas y números racionales

Determina si cada número es un cuadrado perfecto.

1. 90 _____

2. 225 _____

3. 28 _____

4. 289 _____

5. 144 _____

6. 1,000 _____

Usa una calculadora para hallar cada raíz cuadrada.

7. $\sqrt{196}$ _____

8. $\sqrt{289}$ _____

9. $\sqrt{16}$ _____

10. $\sqrt{361}$ _____

11. $\sqrt{1}$ _____

12. $\sqrt{25}$ _____

13. $\sqrt{9}$ _____

14. $\sqrt{256}$ _____

15. $\sqrt{400}$ _____

Usa una calculadora para hallar cada raíz cuadrada a la centésima más cercana.

16. $\sqrt{10}$ _____

17. $\sqrt{48}$ _____

18. $\sqrt{28}$ _____

19. $\sqrt{72}$ _____

20. $\sqrt{37}$ _____

21. $\sqrt{86}$ _____

Indica entre qué números enteros consecutivos está cada raíz cuadrada.

22. $\sqrt{8}$

23. $\sqrt{3}$

24. $\sqrt{40}$

_____

_____

_____

25. $\sqrt{75}$

26. $\sqrt{120}$

27. $\sqrt{54}$

_____

_____

_____

Indica si cada número es racional.

28. $\frac{2}{9}$ _____

29. $\sqrt{16}$ _____

30. $\sqrt{32}$ _____

31. $7.\overline{4}$ _____

32. $\sqrt{48}$ _____

33. $\frac{12}{5}$ _____

34. $8.\overline{65}$ _____

35. $\sqrt{24}$ _____

36. La pirámide más grande en Egipto, construida hace casi 5,000 años, cubre un área de aproximadamente 63,300 yardas cuadradas. Halla la longitud de cada lado del cuadrado de la base. Redondea a la yarda más cercana.

_____

37. Las baldosas cuadradas para el piso generalmente tienen un área de 929 centímetros cuadrados. Halla la longitud de un lado de esas baldosas.

_____

Práctica 12-5

Usa el teorema de Pitágoras para escribir una ecuación que represente la relación entre los catetos y la hipotenusa de cada triángulo.

1. _____

2. _____

3. _____

Halla la longitud del lado que falta de cada triángulo rectángulo.

4. $a = 10, b = 24, c = ?$

_____

5. $a = ?, b = 35, c = 37$

_____

6. $a = 39, b = ?, c = 89$

_____

Halla la longitud del lado que falta de cada triángulo rectángulo.

7. $t =$ _____

_____

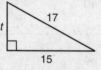

8. $d =$ _____

_____

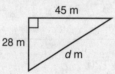

9. $m =$ _____

_____

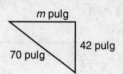

10. El estado de Colorado tiene la forma de un rectángulo, con una base de aproximadamente 385 millas y una altura de aproximadamente 275 millas. ¿Aproximadamente qué distancia hay entre la esquina noroeste y la esquina sureste de Colorado?

_____

11. Un instrumento de dibujo tiene la forma de un triángulo rectángulo. Un cateto mide aproximadamente 14.48 centímetros, y la hipotenusa mide 20.48 centímetros. ¿Cuál es la longitud del otro cateto? Redondea tu respuesta a la centésima de centímetro más cercana.

_____

12. Una escalera de 8 pies está recostada en una pared a 4 pies de distancia. ¿A qué altura de la pared llega la escalera? Redondea tu respuesta a la décima de pie más cercana.

_____